유쾌한 군대생활

조자룡 수필집 ②
히에누 삽화

광진문화사

조자롱 수필집2
유쾌한 군대생활

인쇄 2021년 1월 15일
발행 2021년 1월 21일

지은이 조자롱
발행인 유차원
펴낸곳 광진문화사
발행소 04556 서울 중구 마른내로 4가길 5
　　　　상현빌딩 3층 광진문화사
전　화 02-2278-6746
작가 이메일 whskagp123@hanmail.net
출판 등록 제2-4312

* 이 책의 저작권은 저자에게 있습니다.
* 저자의 서면 동의없는 무단 전재 및 복제를 금합니다.
* 인지는 생략합니다.
* 잘못 만들어진 책은 바꾸어 드립니다.

유쾌한 군대생활

조자룡 수필집 [2]
히에누 삽화

| 작가의 말 |

직업군인으로서 후배 부하들에게 띄운 나의 메시지

직업군인을 직업으로 가졌지만 어려서부터 마음 한구석에 간직했던 문학에 대한 꿈으로 일상생활에서 느끼는 소회를 기록하여 후배 부하들에게 메일로 전파하였다. 전역 후 그 글을 모아 낸 수필집 「니들이 알아?」가 처녀작치고는 과분한 호응을 받아 개인적으로 영광으로 생각하고 글 쓰는 보람을 느끼게 한 독자에게 감사드린다.

이번에 두 번째로 내는 책도 군 생활 에피소드와 후배 부하들에게 보냈던 E-Mail을 수필집으로 엮어 보았다. 독자의 사랑을 받을 만큼 전문적인 내용도 아니고 감동을 주는 아름다운 글이라고 자부할 수는 없어도 군에 다녀온 남자라면 한 번쯤 느껴보았을 애환을 진솔하게 담아냈다고 생각한다. 군 생활에서 경험한 내용이 대부분이고 글 중 마침 '군대 생활'이라는 제목의 수필도 있어서 도서명을 「유쾌한 군대생활」로 정했다.

  욕망이 크고 많았던 만큼 업무적으로 욕심이 많았다. 특히 대대장 시절에는 주 임무 외에도 모든 경연대회에서 우승을 노려 부하들을 힘들게 하였다. 지나고 보니 자랑거리가 아니지만 나 자신이나 부하들에게 항상 최선을 요구하는 대대장으로서 어쩔 수 없는 선택이 아니었나 싶다. 그래도 이 책을 통해 본의 아니게 나로 인하여 힘들었던 부하들에게 사과하고 싶다.

  '욕심 많은 대대장 때문에 고생하였습니다. 죄송합니다.'

  특히 대대의 2인자로써 대대장의 모든 업무지시를 소화하고 대대원의 반발을 무마하느라 심신이 고단했을 예천기지의 당시 이동훈 소령과 서산기지의 서윤철 소령, 주임원사였던 김이섭, 이윤원 원사에게 사과와 감사의 말씀을 드린다.

  '고생했던 만큼 남은 생에서는 어려움 없이 행복한 삶만 이어지기를 소망합니다.'

              2021. 1.

                              조 자 룡

| 축하의 글 |

분단 조국에 바치는
한국 최초의 〈병영문학〉을 위하여

지구상에서 단 하나의 분단국가인 대한민국에서 태어난 남아라면 누구나 꼭 한번 다녀오는 군대! 바로 그 젊음의 군대 후배부하들을 위하여 이 글들을 썼기에 조자룡 수필가의 작품은 가슴을 뜨겁게 하는 열정이 담겨있다고 하겠습니다.

조자룡 수필가와 인연을 맺게 된 것은 제가 주간직을 맡고 있는 종합문예지 〈시와창작〉 신인상의 심사를 통해서였습니다. 그런데 지금까지 대부분 수필부문 응모자들은 대개 평범한 작품들이었지만 조자룡 응모자는 거의 책 한 권 분량의 작품들이 한국 최초의 병영문학이라고 부를 만큼 직업군인답게 군대 후배부하들에게 전하는 상관으로서의 올곧은 규율과 뜨거운 전우애가 녹아있는 작품들이었습니다. 특히 〈시와창작〉의 신인상 수상작인 〈황사바람〉은 다음의 심사평에서 보듯이 독보적인 병영문학 작품이라고 하겠습니다.

새로운 〈병영문학〉의 출현을 반기며!

문예지에서 오랫동안 신인상 응모 작품의 심사를 해온 중에 이번 〈시와창작〉의 산문 부문에 〈황사바람〉 외 여러 편을 응모한 조자룡 님은 문단에서 처음으로 〈병영문학〉이란 새로운 장르를 개척한 것 같아 무척 반가왔습니다. 대한민국의 남아라면 누구나 가는 군대에서 조자룡 님은 직업군인으로서의 투철한 군인정신을 담아낸 〈황사바람〉에서 병사에게 전하는 훈화같은 형식을 취하지만 그 진정성에 감동하게 됩니다.

수필이든 소설이든 산문의 경우는 우선 잘 읽히고 거기에 주제가 녹아 있으며 마지막 독자를 감동시킨다면 더 이상 바랄게 없다고 할 때 조자룡 님의 작품은 이 세 가지 조건을 더할 나위없이 충족시켰다고 하겠습니다.

요즘 국가 안보가 걱정되는 상황에서 조자룡 님의 작품을 읽으며 문득 임진왜란 때 이순신 장군의 〈난중일기〉를 떠올렸습니다. 그때나 지금이나 진정으로 나라를 지키기 위해 싸우는 애국정신은 같다고 생각할 때 조자룡 님의 작품은 단순히 한 개인의 〈군대이야기〉가 아니라 〈분단 조국의 역사적 자료가 되는 병영문학〉의 신인상 수상작으로서 추천하며 축하드립니다.〉

이제 조자룡 수필가가 등단하여 두번째 저서 〈유쾌한 군대생활〉을 세상에 선보임에 신인상 심사위원으로서 진심으로 축하드리며 독자의 큰사랑을 받는 수필가가 되시길 기원합니다.

2021년 새해에

한국문인협회 소설분과 회장 이은집

차 례

작가의 말 : 직업군인으로서 후배 부하들에게 띄운 나의 메시지 / 4

축하의 글 : 분단 조국에 바치는 한국 최초의 병영문학을 위하여 / 6

제1부 축구

제1화 - 월드컵 첫 승

제2화 - 월드컵 16강 전을 앞두고

제3화 - 한국 대표팀의 골 넣는 순간

제4화 - 공군 참모총장배 축구대회

제5화 - 축구 1

제6화 - 월드컵 예선 카타르전

제7화 - 박지성

제8화 - 월드컵

제9화 - 생존의 조건

제10화 - 축구 2

제11화 - 2018 러시아 월드컵 독일전

제12화 - 손흥민

제13화 - 김학범의 전략

제2부 전우

제1화 - 희생과 봉사

제2화 - 운명 1

제3화 - 이병 박○○ 부모님께

제4화 - 공군 뉴스레터 4행시 공모결과

제5화 - 무장대대 홈페이지 개설 축하

제6화 - 약속

제7화 - 운명 2

제8화 - 갈등

제9화 - 위기의 계절

제10화 - 갈채

제11화 - 전투 검열

제12화 - 보안경연대회를 마치고

제13화 - 무장대대 골프대회

제14화 - 부음을 접한 병사에게

제15화 - 최고최강의 대대

제16화 - 감동적인 무장전사

제17화 - 영원한 해병

제18화 - 태극기 휘날리며

차 례

제19화 - 지킨다는 것

제20화 - 황사 바람

제21화 - 진급 결과를 보고

제3부 가족

제1화 - 엄마

제2화 - 어머님께

제3화 - 예연이에게

제4화 - 아내에게

제5화 - 예연이 생일 축하

제6화 - 가족

제7화 - 아들아

제8화 - 하연이 생일 축하

제9화 - 하연이의 편지

제10화 - 가족에게 쓴 편지

제11화 - 아빠, 아빠 우리 아빠

제12화 - 딸아, 아들아

제13화 - 행운이란

제14화 - 하연아

제15화 - 거제 망산

제4부 인생 - 추억

제1화 - 고향

제2화 - 행운이란

제3화 - 중추가절

제4화 - 좋은 소식 전합니다

제5화 - 좋은 사람

제6화 - 기적을 바라보며

제7화 - 단상

제8화 - 닉 부이치치와 김연아의 도전

제9화 - 군대 생활

제10화 - 멈추지 마, 꿈부터 써 봐

제11화 - 부산

제12화 - 기차여행

제13화 - 꿈

제14화 - 자부심

제15화 - 프로로 산다는 것

차 례

제16화 - 화백

제17화 - 코리아

제1부 축구

결혼하지 않는 이유

토트넘이 웸블리 스타디움에서 경기할 당시
수많은 태극기를 봤는가?
경기장에 직접 찾아오지 않더라도
나를 보기 위해 밤을 새우기도 한다.
그들의 응원에 보답해야 한다.
난 한국을 대표하는 선수이다.

- 손흥민 -

제1화
월드컵 첫 승

환호하라! 한국인이여!

뜨거운 밤은 지났다.

그렇게 우리가 소원하고 열망하던 월드컵 첫 승하던 날,

세계는 놀라고 한반도는 온통 들끓었다.

1954년 스위스 월드컵에 처음 참가한 이래

단 한 번의 승리도 없이 무승부 4차례, 패만 무려 10차례,

경제적으로,

군사적으로,

문화적으로

후진국 대열에 서 있는 것만 해도 견디기 어려운데

다른 요소에 영향을 받지 않을 것 같은

축구도 이기지 못한다는 게
마음 한구석에 항상 부끄러움으로 자리 잡았다.
아마, 왜소하고 약한 데 대한 열등감이었으리라!
체력으로는 어쩔 수 없더라도
정신력만큼은 져서는 안 된다고 다짐하곤 하였지만
결과는 언제나 좌절과 절망이었다.
이제 그 모든 것을 제공했던 축구에서 우리는 승리하였다.
그것은 벅찬 감동이었다.
두 골 차!
공수에 걸친 완벽한 승리도 감격스러웠지만,
붉은 옷을 입고 경기장을 찾은 관람객,
경기장에 가지 못했지만
광화문 네거리에서,
잠실야구장에서,
역전에서,
식당에서,
TV가 있는 곳이면 어디에서나
"대~한민국"
"오~ 필승! 코리아~"
한목소리로 구호를 외치는 모처럼 하나 된 한민족의 모습이 더 큰 감동이었다.
남녀노소, 장소를 불문하고 출렁이는 붉은색의 물결!

장엄하지 아니한가?

우리 민족의 내재 되어있던 에너지가 한꺼번에 터져 나와 우리의 미래를 밝혀준 희망찬 메시지였다.

장하다, 대한의 용사들이여!

고맙다, 벽안(碧眼)의 조력자여!

그대들 있음에 한민족의 저력을 확인하였고

희미하던 심장의 박동 소리가 천둥 치듯 쿵쾅거리고

고압전선에 감전된 듯한 전율, 무한한 환희를 느낄 수 있었다.

아! 이 심장이 멎을 듯한 감동,

이 큰 격정을 이번 월드컵에서 6번만 더 느낄 수 있다면……

기뻐하라!

환호하라!

갈채하라!

한민족, 한국인이여!

그들은, 아니 우리는 갈채 받을 자격이 있다!

다 함께 열광하여 우리의 잠재된 거대한 에너지를,

저력을 전 세계에 전하자!

대한민국 만세!

2002. 6. 5.(수)

월드컵 첫 승 후 비행단 자유게시판에

제2화
월드컵 16강 전을 앞두고

결전의 날은 밝았다.
가라! 태극전사들이여!
48년간 기다려 왔던 1승도,
16강 진출에 대한 염원도
결국은 승리의 영광을 위해서였다.
온 국민의 염원을 담고 뛰쳐나가라!
보이지 않는가?
영광은 그대들 눈앞에 있나니
유럽이니,
남미니 하는 것이 아무것도 아님을 보여 줘라.
그대들은 천하제일 한민족의 후예 태극전사임을 명심하라.

이제 남은 건 불과 4승,
수십 년 동안 기다려 왔고,
우승의 영광을 위해 그대들이 쏟아부은 엄청난 노력과 열정,
흘린 땀의 결실을
온 세상의 한민족과 이민족에게 보여다오.
그래서 저 하얗고 검게 생긴 사람들에게는 충격을,
한민족에게는 가슴 벅찬 환희와 전율적인 감동을 안겨다오.
소리쳐 불러보노라!
그리고 기도하노라!
전사들이여!
그대들의 장도에 신의 가호가 함께 하리라!

2002. 6. 18.(화)
월드컵 16강 전을 앞두고 기도하는 마음으로

제3화
한국 대표팀의 골 넣는 순간

이을용의 자로 잰 듯한 센터링에 이은
황선홍의 환상적인 발리슛에 의한
첫 골은 48년의 긴 한을 풀어줄 희망의 씨앗이었습니다.

골대 정면에서 볼을 잡아 대포알 같이 날린
유상철의 중거리 슛에 의한
두 번째 골은 48년간 기다려 온 우리의 첫 승 희망이 물거품
되지 않을까 조마조마한 우리 가슴을
후련하게 뚫어준 바람이었습니다.

이을용의 페널티킥 실축으로 끌려가던 경기 후반,

이을용의 어시스트에 이은
안정환의 빗맞은 듯한 헤딩슛에 의한
세 번째 골은 선취골을 주어도 지지 않는다는 자신감과
반드시 16강에 간다는 우리의 신념이었습니다.

이영표의 날카로운 크로스를 받아
박지성의 가슴 트래핑, 오른발 컨트롤, 왼발 슛에 의한
네 번째 골은 강팀에게도 골을 넣을 수 있다는 자신감과 함께
꿈을 현실로 바꾼 우리의 열정이었습니다.

안정환의 페널티킥 실축에 이은 실점으로
패배 일보 직전인 경기 종료 2분 전
설기현의 왼발 슛에 의한
다섯 번째 골은 기적이 아니라
이길 수 있다는 우리의 결의이었습니다.

연장종료 2분 전 터진 이영표의 크로스와
안정환의 헤딩슛에 의한
여섯 번째 골든골은 아시아가 결코 축구의 변방,
유럽의 들러리가 아니라는 것을 입증한
아시아의 자존심이었습니다.

과연 일곱 번째, 여덟 번째 골은
나에게 어떤 느낌을 줄지 생각만 해도 가슴이 뜁니다.

2002. 6. 20.(목)
골에 대한 감상평 비행단 자유게시판

제4화
공군 참모총장배 축구대회

전사 여러분

자랑스러운 최강의 전투비행단, ○○비 축구 대표선수 여러분! 축구를 사랑하고 좋아하지만, 실력이 없어 가슴 아픈 자칭 열혈남아, 무장대대장 조자룡 소령입니다.

선천적으로 타고난 신체조건에, 전술을 이해하는 뛰어난 두뇌에, 누구에게도 지지 않을 강인한 정신력을 소유한 여러분은 행운아입니다. 군대에서 축구를 못 하는 것이 가장 서럽다는 유머가 있을 정도로 남자들이 가장 즐기는 축구를 잘한다는 것은 스스로 생각해도 자랑스러울 것입니다.

그렇습니다. 모두가 부러워하는 축구선수는 다른 종목의 선수와는 차이가 있습니다. 다른 종목은 운동장 한쪽 구석에서 충분히 경기할 수도 있지만, 축구는 그렇지 않지요. 원하든 원치 않든, 모든 사람이 지켜보는 곳에서 자신의 기량을 마음껏 발휘할 수 있는 것, 바로 그것이 축구입니다. 그래서 축구를 잘해야 하고, 반드시 이겨야 하는 이유입니다.

자신의 이름에 대한 명예는 물론 소속 집단 전원의 피를 뜨겁게 달구고 그들에게 자부심과 무한한 감동을 줄 수 있는 최강의 전투비행단, 최정예 축구 전사 여러분! 여러분은 홀로 뛰고 있는 것이 아닙니다. 2002년 월드컵 때, 경기장에는 불과 5만 명의 관중이 목이 터지도록 응원했지만, 보이고 들리지는 않았어도 5천만 전 국민의 열화와 같은 성원과 갈망을 11명의 축구 대표선수는 느낄 수 있었습니다. 그렇기에 체력도 기술력도 열세지만, 축구 선진국이라고 말하는 저들이 보기에는 변방의 조무래기밖에 되지 않았지만, 4강 신화를 이룰 수 있었습니다.

대표선수들의 질풍노도와 같은 90분을 보면서 감동하지 않았습니까? 온 힘을 다하여 전력 질주하는 그들을 보면서 단 한 사람도 가만히 있지 못하였습니다. 보이지도 들리지도 않고, 아무도 없는 빈방에서도, 목이 터져라, 숨이 막히도록 소리쳤습니다.

"대~한민국!"

"오~ 필승 코리아!"

전 국민의 염원과 열망이 그들에게 전달되었기에 그들은 가진 에너지를 모두 소진할 때까지 달리고 또 달렸습니다. 개인의 명예를 위하여, 사랑하는 조국 대한민국의 영광을 위하여. 이제 여러분이 재현할 때입니다. 여러분이 힘들게 훈련하고 있을 때, 여러분의 전우들은 여러분 몫까지 일하느라 몸은 힘들지만, 여러분 승리의 함성을 느끼기 위하여 오늘도 임무를 완수하였습니다.

전 장병이 원정응원을 할 수는 없지만, 여러분은 보고 듣고 느껴야 합니다. 3천 명 전우들의 애절한 응원가를. 승리를 위하여 다리가 쥐가 나고, 심장이 멎는 듯하며, 세상이 노랗게 보일 때까지 뛰다가 마지막 힘이 소진될 때, 하늘을 보십시오. 노란 하늘에 별이 보일 것입니다. 우주에서 반짝이는 별이 아닙니다. 비록 직접 현장 응원을 하지는 못하지만, 영혼으로 응원하는 우리 ○○비 3천 명 전우의 눈동자입니다.

3천 명 전우의 눈동자를 보는 순간, 어디선가 불끈 힘이 솟을 것입니다. 최강의 비행단은 사람도 최강입니다. 축구도 최강입니다. 체력도 기술력도 전술도 정신력도 여러분은 천상천하 최고최강입니다. 자신을 믿고, 동료를 믿고, 승리를 믿으십시오. 군인에게 있어 패배란 없습니다. 여러분의 강력한 체력과 불굴의 군인정신으로 만나는 모든 상대를 무력화하여 우리 3천 명 전우가 환호할 수 있도록, 전율적인 감동을 만끽할 수 있도록, 승리의 찬가를 부르면서 귀환하시기를.

저 뜨거웠던 2002년 붉은 6월의 감격과 같이 다시 한번 온몸의 피가 역류하는 듯한 격렬한 감동의 시를 사랑하는 전우와 천상천하 최고최강의 ○○비 축구 전사에게 선물할 수 있기를 고대합니다.
   전진하는 ㅇㅇ비 파이팅!
   저돌적인 ㅇㅇ비 파이팅!
   질주하는 ㅇㅇ비 파이팅!
   철통방어 ㅇㅇ비 파이팅!
   승리하는 제ㅇㅇ전투비행단 정예 축구 전사 파이팅!

2006. 5. 24.(수)
참모총장배 축구대회 참가 비행단 대표선수에게

전사 예찬

자랑스러운 ㅇㅇ비 대표 전사, 축구 대표선수 여러분! 축하합니다. 감사합니다. 전 공군 축구 지존 등극을, ㅇㅇ비의 영예를 드높인 데 대하여. 훈련 기간은 얼마 되지 않았지만, 단장님부터 전 장병 및 군무원이 일치단결하여 열과 성을 다하여 성원하였고, 전 선수가 일심동체가 되어 함께 뛰고 달려서 땀으로 일군 참모총장배 우승은 용맹한 축구 전사 모두의 꿈이었습니다.

2002년에 태극전사가 그랬던 것처럼 여러분은 꿈을 이루었습니다. 아니 3천 명 서산지역 전 장병은 꿈을 이루었습니다. 보지 못하였습니다. 하지만 느낄 수 있었습니다. 우리 대표선수의 거친 숨소리를, 지축을 울리며 적토마처럼 질주하는 용사들의 모습을,

강한 태클로 상대방을 제압하고, 절묘한 드리블로 상대를 우롱하고, 환상적인 패스로 적진을 유린하였으며, 강력한 슛으로 골망을 흔들었습니다. 그리고 환호작약하며 그라운드를 질주하는 용사들의 모습을 보았습니다. 골 세리머니를 보았습니다.

현지에서 응원할 수 있는 사람은 얼마 되지 않았지만, 3천 명이 보고 느끼고 감동하였습니다, 영감으로. 그리고 거리가 멀고 오늘의 주 임무가 있었기에 현장을 지킬 수 있었던 우리의 응원단은 소수였지만, 많은 수의 상대방 응원단을 압도하였습니다.

목이 쉬어라, 몸살이 나도록 온몸으로, ○○비의 승리를 기원하며 조금이라도 선수들에게 힘을 불어넣어 주기 위하여 열렬히 응원한 그들도 오늘의 당당한 주인공입니다.

결승전이 끝나고 페널티킥이 있을 거라는 이야기를 듣고 가슴 조이며 기다리고 있는데 아내로부터 전화가 왔습니다. 이미 직감으로 승리를 알았습니다. 말하는 아내는 흥분하고 있었습니다. 아니 떨고 있었습니다. 내 이야기는 듣지 않고, 일방적으로 페널티킥으로 이겼다고 말하고 전화를 끊더군요, 내 목소리가 들리지 않는다고. 제 목소리도 제법 큰 편입니다만 옆의 응원단의 환호성에 묻혀 버린 모양입니다.

전화기를 울리는 환호성은 강제로 동원된 응원단의 그것이 아니었습니다. 정말로 이긴 것이 기뻐 날뛰는 열광의 도가니, 그것이었습니다. 오늘은 아마도 비행단 창단 이래로 가장 초조하고 가장 환희에 찬 하루가 아니었나 생각합니다. 만나는 사람마다 수고

하였다고 인사를 하였습니다. 서로가 서로에게. 하지만 실제로 한 것은 별로 없었지요. 그래도 서로가 자랑스러웠습니다.

모두 자랑스러운 ○○비 대표 축구 전사, 여러분의 공로지요. 영광의 상처로 오늘 자고 나면 온통 상처투성이 몸이겠지만, 그래도 오늘 느꼈던 절정의 환희로 하여 아픔을 잊을 것입니다. 여러분의 뇌리에 영원히 기억될 것입니다. 2006년 5월 30일의 열정과 환호의 순간이.

○○비 장병의 열정과 염원이 대한민국 대표선수에게도 전달되어 오늘 그대가 그랬던 것처럼 몸이 가루가 되도록, 다리에 쥐가 나도록, 숨이 막히도록, 월드컵을 하는 독일 땅이 지진이 일어난 것처럼, 거친 들판을 달리는 야생마같이, 초원을 누비는 하이에나같이 거칠게, 강하게, 모든 상대방을 압도하여 다시 한번 세상을 놀라게 하도록 기원합니다.

아직도 응원단의 목소리가 귓전을 울립니다.

"짝짝짝 ~ 짝짝…. ○○전비!"

숨 막히도록 전율적인 감동을 선사한 ○○비 축구 대표선수, 천상천하 최고최강 축구 전사에게 드립니다.

2006. 5. 30.(화)
참모총장배 축구대회를 우승한 비행단 대표선수에게

제5화
축구 1

축구는 이겨야 한다. 져서는 안 되는 것이 아니라 이기기 위한 축구를 해야 한다는 것이다. 오늘 새벽 20세 이하 월드컵 8강전을 하였다. 아시아대회에서 결승전을 치렀던 이라크가 상대였다. 쿠바, 포르투칼, 가나, 스페인, 프랑스 월드컵 출전 국가는 모두 강팀이다. 만만한 팀은 하나도 없다. 모두가 패해도 할 말이 없는 팀이다. 그럼에도 불구하고 경기는 이기기 위해서 노력해야 하고 모든 경기의 최선의 결과가 승리다.

최선을 다해서, 이기려고 노력하였으나 비기거나 질 수는 있다. 그러나 처음부터 비기려고 하는 것은 멍청한 짓이다. 전쟁에 비유한다면 비기려고 전쟁하는 것인데 그것은 멍청한 정도가 아니다. 막대한 물자와 생명을 버리면서까지 전쟁을 할 필요가 어디 있겠는가?

　축구는 어렵다. 아니 모든 운동이 어렵다. 걷는 것도, 달리는 것도, 던지는 것, 차는 것, 때리는 것 모두가 어렵다. 보기에는 쉬워 보이거나 잘할 수 있을 것 같아도 막상 해 보면 생각대로 안 된다. 그래서 예전에는 분노하고, 소리 지르고, 화를 내고, 욕을 했지만 가능하면 욕을 하지 않는다. 잘못했지만 이기거나, 지더라도 최선을 다한 경기에서는 그렇다.

　그런데 오늘은 그게 아니었다. 물론 경기 자체는 훌륭했다. 우리 팀도 이라크도 정말 열심히 했고, 골 넣는 과정도 훌륭했다. 그런데 우리 팀은 한 가지가 부족했다. 승리에의 집념, 열망 그것이다. 선수가 승리에의 집념이 없어서는 경기가 될 수가 없다. 너무 배가 불렀다. 패배를 두려워한 것이다. 물론 현재까지의 성적도 훌륭하다. 그러나 최초의 목표를 달성했을지는 모르겠지만, 그랬다면 목표가 너무 낮았다. 국민은 16강이나 8강 또는 4강이 목표가 아니다. 우승할 때까지 최선을 다하기를 바란다. 물론 그 목표가 너무나 어려운 것이므로 도중에 실패해도 누가 뭐라 않는다. 그런데 8강에 들었다고 만족하고 수비 위주로 경기를 하였다.

　물론 공격도 하였다. 가끔 역습을, 공격을 가장한 위장 전술이었다. 골을 넣을 의지가 없었다. 골을 한 골 먹으면 비로소 골 넣을 의지가 생겼고, 골을 넣었다. 골을 먹고 나서 넣을 수 있었다는 것은 능력은 충분하다는 결론이다. 다만, 공격 시의 역습이 두려웠거나 급격한 공수전환에 따른 체력 저하를 염려해서였을 것이다. 그러나 그것은 어느 팀 어느 선수나 마찬가지다. 만약에 상대 팀이 브라질이나 스페인 성인팀같이 도저히 정상적인 게임을 할 수 없는 상대방이었다면 충분히는 아니라도 다소 이해할 수 있었을 것이다. 그런데 상대방은 엄청나게 강한 팀이 아닌 아시아 팀이었다. 아시아 팀을 무시하는 것이 아니라 아시아대회에서 두 차례 상대해서 무승부를 한 이라크였다. 그런데도 공격 의지가 부족하였다. 현재까지의 성과에 충분히 만족하고, 무리한 공격으로 인하여 아시아 팀에 패배하는 것이 두려웠을 것이다. 선수는 아니, 사람은 어떤 사물이나 사람에 대하여 두려움을 품으면 안 된다. 두려울 게 무엇이 있겠는가? 아무리 강자라 해도 결국 팔다리가 두 개씩이지 머리가 세 개이거나 팔이 여섯 개일리가 없다.

설령 비교할 수 없이 강한 놈이라 해도 싸우다 죽으면 되는 것이다. 언젠가는 죽을 목숨, 군인이 되면서 다짐했던 것 아니든가? 때가 되면 장렬하게 전사할 것이라고. 새벽 3시까지 목이 터지도록 응원했고, 연장 경기 종료 직전에 극적으로 동점까지 이루기도 하였으나 승리에 대한 염원이 더 강하였던 이라크가 승리하였다. 잠을 못 자서가 아니라, 충분히 승리할 자격이 있음에도 불구하고 승리하지 못한 것이, 전 국민을 감동하게 하지 못한 것이 못내 아쉽다. 축구를 할 때는 최선을 다해야 한다. 그 결과가 참담한 패배일지라도.

2013. 7. 8.(월)

제6화
월드컵 예선 카타르전

어제 축구 봤습니까? 세상에 쉬운 일은 정말 한 가지도 없는 것 같습니다. 카타르가 세계적으로 축구 강국도 아니고, 더구나 원정경기도 아니고 홈경기인데, 이기는 것이 이렇게 힘들어서야…….

축구 보려고 마음먹고 식사도 저녁 여덟 시부터 반주를 곁들였는데, 점유율이 압도적으로 높으면 뭐 합니까? 꿩 잡는 게 매라고 골을 넣어야지. 오범석이 아쉬웠습니다. 논스톱으로 바로 크로스를 올려야지, 왜 기다립니까? 돌파할 능력도 없으면서……. 프리메라리가나 프리미어리그도 안 봅니까? 물론 움직이는 공을 바로 차기는 쉽지 않습니다. 그럼에도 불구하고 여러 번 시도해서 한 번을 성공할지라도 골을 넣기 위해서는 절대로 볼을 잡아서는 안 됩니다. 여러 번 시도해서 한 번이라도 골을 넣어야 하니까요.

구자철과 기성용은 올림픽 때는 압도적인 존재감을 보였는데 어제는 별로, 큰물에서 노는 선수치고는 그다지 돋보이지 않았습니다. 이청용은 그래도 큰물에서 노는 티를 냈는데, 문제는 너무 슛을 아낀다는 것입니다. 슛해야 골이 들어가든가 말든가 하지, 기회만 되면 노려야 되는데, 근성이 너무 약한 것이 탈입니다.

요즘 대세는 손흥민 아닙니까? 역시 투입되자마자 경기에 활력을 불어넣었는데, 손흥민을 선발로 투입하든지 진작에 넣어야 했는데 그 부분은 감독의 실수인 것 같습니다. 내가 감독이 아니니 어쩔 수 없고, 결승 골은 경기 시간이 5분이나 지나서야 나왔습니다. 그것도 멋지게 제치면서 강력한 슛에 의한 게 아니라, 욱여넣기로, 손흥민이 거저 주워 먹은 것 같지만, 운도 실력인 것 아시지요?

남자는 축구를 잘해야 합니다. 농구나 배구나 야구도 잘하면 좋기야 하겠지만, 진정한 강자는 축구를 잘해야 하지요. 70억 인구 중에 축구를 모르는 사람은 거의 없다고 봐야 하고 인종이나 신분, 빈부의 차이를 불문하고 누구나 축구를 할 수 있으니까요. 그래서 월드컵이 모든 종목을 합한 올림픽보다 인기가 있는 겁니다. 잘사는 사람만 할 수 있는 구기 종목이나 빙상 경기는 진정한 챔피언이라기에는 좀 그렇지요.

어쨌든 이겨서 기분 좋았습니다. 덕분에 경기 중에 두 병, 경기 후에 뒤풀이로 한 병을 마셨지요. 지금도 조금 골이 띵합니다. 아인슈타인이 성공을 말하였는데요. 수학 천재에다 과학자답게 수식으로 설명을 하였답니다.

성공 = x + y + z라고. x는 열심히 일하는 것, y는 즐겁게 노는 것, z는 경청해야 할 때를 아는 것이라나요? 열심히 일하시고 축구 할 때는 즐겁게 축구하고 다른 사람이 말할 때는 경청을 하셔서 성공하시기 바랍니다. 성공이 무엇인지 알 수 없는 게 더 큰 문제이며, 그것을 아는 데만 거의 평생을 허비하는 게 평범한 인간의 삶이라는 데 아쉽습니다마는.

2013. 3. 27.(수)
월드컵 예선 카타르전을 보고

제7화
박지성

맨체스터 유나이티드의 산소탱크, 맨유의 심장 박지성, 그는 대한민국의 축구의 심장이다. 박세리, 박찬호, 박태환 대한민국을 대표하는 박 씨는 많아도 산소탱크, 심장으로 표현할 수 있는 사람은 박지성뿐일 것이다.

다른 종목은 고도의 집중력과 순간적 가속을 요구하는 것이 대부분으로 90분간 뛰어야 하는 축구선수와는 차원이 다르다. 모든 축구선수가 자신의 한계에 이를 정도로 열심히 뛰지만, 박지성은 레벨이 달랐다. 박지성에 열광하는 대한민국 국민, 물론 그가 월등한 실력과 성적을 보여주었기에 열광하였지만, 심정적으로 공감하는 또 다른 무엇이 있었다.

축구 명문 학교도 엘리트 코스도 거치지 못했고, 축구 잘하는 사람으로 인정받기 위해서 필수적인 드리블이 뛰어나지도 못했으며, 체격이 타인을 압도할 정도로 거대하지도 못했고, 오히려 축구선수에게는 치명적인 약점으로 작용할 평발이었다. 세계적인 축구선수는커녕 국내에서도 성공할 수 없는 악조건이었다. 그 모든 약점일 편견과 금기를 극복한 박지성에게 국민은 열광할 수밖에 없었다.

물론 실력 제일주의를 주창한 히딩크 감독을 만났기에 가능했을 것이다. 2002년 전만 해도 연세대와 고려대를 졸업하지 않은 선수가 프로에서 살아남고 국가대표 선수가 되는 것은 사실상 불가능했다. 전체적인 축구 실력이 월등하지 않고 명지대학을 나온 박지성을 발탁한 히딩크는 박지성의 체력과 열정에 점수를 준 가능성에 대한 선택이었다. 그리고 박지성은 그 가능성과 선택이 올바른 것이었음을 증명하였다. 2002년 월드컵 조별예선 3차전 포르투갈과의 경기에서 이영표의 센터링을 가슴과 오른발로 컨트롤한 후 왼발 발리슛에 의한 골은 그대로 결승 골이 되었고 박지성 신화의 출발점이 되었다.

이후 네덜란드의 에인트호번과 영국의 맨체스터 유나이티드에서 맹활약하였고 특히 아시아인으로서는 처음으로 유럽 챔피언스리그에서 골을 사냥하는 등 대한민국을 대표하는 선수가 아니라 아시아의 자랑으로 성장하였다. 현재 유럽에서는 한국, 일본, 이란 선수 등 많은 아시아 선수가 활약한다. 이전에도 아시아의 우수한 선수들이 유럽에서 활동하였지만, 현재처럼 많은 선수의 활약은 박지성의 공이 컸다. 당연히 한국을 대표하는 선수였고 고비나 결정적인 순간에 골을 터트렸다.

2010년 남아프리카공화국 월드컵을 마치고 대표선수 은퇴를 선언하였지만, 그 말을 믿는 대한민국 국민은 없었다. 아니 믿지 않으려고 했다. 한국 대표가 흔들릴 때 최후의 보루로 역할 할 것을 믿어 의심치 않았다. 그래서 종종 대표팀 복귀 관련 언론 보도가 있었고 본인은 부인하는 일이 반복되었다. 그만큼 박지성은 대한민국 국민이라면 모두가 믿는 확실한 대표선수였다.

그가 은퇴를 선언했다. 대표선수로서가 아니라 축구선수 자체를 그만두겠다는 것이다. 어차피 최고전성기를 지났고, 대표선수도 아니기에 특별한 일은 아닐 테지만······. 그러나 그것이 아니었다. 갑자기 가슴이 울컥하고 머리가 쭈뼛했다. 운동 중에 축구가 단순한 한 종목일 수 없듯이 박지성은 축구 대표선수 중 단순히 한 명일 수 없었다. 언제부터인가 따라다닌 별명 캡틴, 그렇다. 박지성은 캡틴이었다.

대표로 주장 완장을 차고서도 이쪽 골대에서 저쪽 골대까지 줄기차게 뛰면서 경기장을 지배한 솔선수범형 리더였다. 생긴 것도, 말하는 것도, 심지어는 축구 실력까지도 그렇게 쌈박하지 않은 박지성에게서 느껴지는 것은 세상의 편견과 금기를 극복한 위대한 영웅이다. 화려한 이력을 자랑하는 일류선수가 아닌, 그냥 동네에서 볼 수 있는 평범한 선수가 이루어낸 투박한 위대함이다.

우리의 위대한 영웅, 대한민국과 맨체스터 유나이티드의 산소탱크, 아시아의 자부심이자 팀의 영원한 캡틴, 우리는 그와 함께해서 행복했다. 경기장을 질주하는 그를 볼 수 있어서, 같은 시기에 살 수 있어 행복했다. 박지성, 그는 비록 축구선수에서 은퇴할 것이나, 박지성이라는 이름 석 자는 영원히 축구인의 가슴에 새겨질 것이다.

2014. 5. 20.(화)

제8화
월드컵

매 경기 박진감 넘치는 선수들의 플레이는 우리를 흥분시킨다. 어떤 승부, 어떤 경기도 사람들의 마음을 몰입시키기에 충분하지만, 특히 축구, 그중에서도 월드컵 경기라면 더욱 그렇다.

인류 역사상 축구만큼 인기가 많고 월드컵만큼 사람들을 주목시키는 경기는 아마 존재하지 않을 것이다. 전 종목 스포츠 경기가 열리는 올림픽보다 단일 종목 경기인 월드컵이 더 인기가 있고 스포트라이트를 받는 것이 그것을 증명한다.

뛰어난 성적을 내고 있지는 못하지만 그래도 한국은 월드컵에서만큼은 강자다. 적어도 아시아에서는 타의 추종을 불허한다. 국민은 당연히 월드컵 예선을 통과하고 본선에서 좋은 성적을 기대한다. 물론 그 마음이야 나도 마찬가지지만 사실 예선 통과가 쉬운 일은 아니다. 한국이 8연속 출전에 성공하였지만, 그 과정이 순탄한 것은 아니었다.

초등학교 때부터 월드컵 예선을 응원하고 경기를 시청하였지만 단 한 번도 예선을 통과하여 본선에서 뛰는 경기를 볼 수 없었다. 사실 1954년 스위스 대회에 출전한 경력은 있었다. 그러나 그 때는 내가 세상에 나오기에는 너무 이른 시기였기에 경기를 볼 수는 없었다. 당시 아시아에서 출전을 신청한 나라가 일본과 한국 두 나라여서 두 팀 중 한 팀이 출전하게 되었는데 해방 후 얼마 되지 않았고 일본을 원수같이 생각하던 터라 당시 대통령이던 이승만은 일본 선수의 국내 입국을 허락하지 않았다. 그래서 예선 두 경기를 일본에서 치러야 했다. 이승만 대통령은 적지로 떠나는 대표선수에게 패하면 현해탄(玄海灘)에서 빠져 죽으라고 했다. 각고의 노력으로 한국 팀은 5대1, 2대2 1승 1무로 예선을 통과했다.

대한민국이라는 이름으로 첫 월드컵에 나섰지만, 세계의 벽은 높았다. 월드컵 조별리그 1차전 헝가리에 9대0, 터키에 7대0으로 무너졌다. 그것이 대한민국 월드컵 역사의 전부였다. 선수들과 국민의 열망은 뜨거웠으나 당시 아시아에 한 자리밖에 할당하지 않은 탓도 있지만, 번번이 일보 직전에 탈락했다. 우리를 괴롭혔던 국가 중 기억나는 나라로는 말레이시아, 이스라엘, 호주, 이란, 쿠웨이트 등이다. 지금도 중동국가가 우리에게 강하지만 그 역사는 깊다. 한 번 상대 전적을 확인해 보시라. 이란, 이라크, 쿠웨이트는 결코 상대 전적에서 한국에 밀리지 않는다.

기다리고 기다리던 첫(나에게는) 월드컵 출전은 1986년에야 이루어졌다. 32년 만에 밟은 본선 무대가 낯설었으나 예상보다는 선전했다. 아르헨티나에 3대1, 볼리비아와 1대1, 이탈리아에 3대2로 패하여 1무 2패로 조별리그 탈락했지만, 월드컵 첫 골과 첫 승점을 쌓았다. 두 골 차로 패한 아르헨티나는 축구 신동 마라도나가 활동했던 때로 당시 멕시코 월드컵 우승팀이었다.

이후에는 월드컵 출전권이 두 장으로 는 탓도 있어서 예선은 꾸준히 통과하였으나 향상된 국민의 기대를 충족시키기에는 역부족이었다. 90년 이탈리아, 94년 미국, 98년 프랑스까지 4연속 출전에 성공하였으나 성적은 4무 8패, 단 1승도 없었다. 그래서 대한민국의 목표는 우승이나 16강 진출이 아니었다. 단 1승이었다.

그렇게 단 1승에 목마르던 시기에 2002년 한일월드컵이 열렸고 주지하다시피 폴란드에 2대0, 미국과 1대1, 포르투갈에 1대0으로 승리하여 16강에 올랐고, 이탈리아와 스페인을 연파하고 4강에 이르는 쾌거를 이루었다. 그리고 4강보다 더 감격스러웠던 것은 온 국민이 '대한민국'과 '오 필승 코리아'를 외치며 하나 된 것이었다. 지금도 그 장관이 눈앞에 아른거린다. 경기장과 거리를 붉은 물결과 뜨거운 함성으로 채웠던 2002년의 6월이······.

실력보다 이른 시점에 4강이라는 높은 고지에 올라봤던 대한민국, 그러나 국민의 높은 기대치를 채우기 위해서는 웬만한 성적으로는 안 된다. 독일월드컵에서는 1승 1무 1패로 선전하였지만 예선 탈락, 2010년 남아공월드컵에서는 1승 1무 1패로 처음으로 원정 16강을 달성하였다. 이제 국민은 16강은 기본, 8강 이상을 기대한다. FIFA 순위에서 나타나듯이 그것은 순전히 우리만의 생각이다. 벨기에, 러시아, 알제리와 한 조가 된 것을 다행으로 생각했지만, 그들은 우리 이상으로 더 다행으로 생각하였다. 완전히 동상이몽인 것이다.

어찌 되었든 주사위는 던져졌고 드디어 내일이면 대망의 첫 경기이다. 축구의 나라 브라질에서 러시아와의 첫 경기가 내일 오전 7시에 있다. 출근 시간이라서 제대로 관전하기에는 어려움이 있겠으나 열심히 응원하자. 전 국민이 승리를 갈망하지만, 목마르다고 항상 물이 준비되는 것은 아니다. 질 수도 있고 비길 수도 있다. 설령 그런 결과가 나오더라도 너무 괴로워하거나 슬퍼하지는 말자. 그 결과는 최선을 다한 선수들의 결과이자 전 국민이 한마음으로 응원한 결과이기도 하다.

더구나 우리나라는 월드컵 9회 출전에 빛나지만, 아직 단 한게임, 단 1승, 단 한 골도 넣지 못한 나라가 더 많다. 세계에서 인구가 제일 많은 중국은 1승도 없고, 두 번째로 많은 인도는 아직 월드컵 근처에도 가 보지 못했다. 그렇다 하더라도 나는 대한민국의 승리를 갈망하며 승리를 확신한다. 러시아에 3대2, 알제리에 3대1, 벨기에에 3대2로 승리하기를 바란다. 더 큰 골 차이로 이겨도 상관없다. 그런데 축구를 모르는 사람이라고 할까 봐 적당히 낮춘 수치이다.

꿈과 희망이 있는 사람은 즐겁다. 설령 그것이 헛된 꿈일지라도……. 일단 오늘까지는 즐거운 미래를 상상하자. 대~한민국! 짝짝짝 짝짝……. 대한민국 만세!

2014. 6. 17.(화)

제9화
생존의 조건

 인간이 생존을 위해서는 조건이 있다. 야생의 동물은 단 하나의 조건, 먹을 것을 해결하면 생존할 수 있으나 지능에 비하면 육체는 타 동물에 상대적으로 부실한 인간은 먹을 것에 입을 옷과 쉴 집이 필요하다. 그래서 인간의 생존 조건은 기본적으로 의식주의 해결이다. 의식주를 해결할 정도의 자산이나 소득이 있어야 한다.

 그런데 자세히 살펴보면 조직도 비슷한 생존 조건이 있다. 현재 브라질월드컵이 아주 성황리에 멋진 장면을 연출하며 진행되고 있다. 과거에 유럽과 남미가 축구에 있어서만큼은 절대강자로 군림하였지만, 매스컴의 발달로 전 세계가 선진축구를 관전해서인지 딱히 약한 나라를 발견할 수 없을 정도로 상향 평준화되었다. 그래서 과거에는 유럽이나 남미 팀을 만나면 비기려는 수비축구를 하기 일쑤였으나 올해 브라질월드컵에서는 달라졌다. 가장 약해 보이는 팀이 가장 강한 팀에게도 이기기 위하여 드라이브를 거는 것이다. 매 경기 명승부가 연출되는 한 요인이다. 하긴 과거에 월드컵 1승에 목말랐던 한국의 경우와 같이 16강 진출이나 월드컵 우승이 목표가 아니라 강팀에게는 비기고 상대적으로 약해 보이는 팀을 1승 제물로 삼는 전략이 있었으나 이제 유효해 보이지 않는다. 실력과 전술이 상향 평준화되어 그 격차가 줄어든 이상 강팀에 비겨도 약팀을 이긴다는 보장이 없으므로 매 경기 승부를 걸어야 한다.

공이 둥글다는 사실과 경기 외적인 여러 조건, 이를테면 무더운 날씨나 강수(降水) 여부, 심판의 성향, 양 팀 선수들의 당일 몸 상태, 경기 중 부상이나 관중의 응원 등에 따라 승부가 바뀔 수 있는 변수가 된다.

월드컵에서 팀의 생존 조건은 승리이다. 이겨야 한다. 물론 조별리그에서는 무승부도 가능하지만 16강부터의 토너먼트에서는 승리 외에는 생존할 방법이 없다. 유일한 생존 조건은 승리뿐이다. 인간과 마찬가지로 팀에게도 부(富)는 생존에 막대한 영향을 끼친다. 선수를 선발해서 적절한 환경에서 체력단련과 전술훈련을 하기 위해서는 막대한 비용이 소요된다. 따라서 선진국이나 부유한 나라가 상대적으로 유리하다. 그러나 부와 성적이 비례하는 것은 아니다.

인간이 의식주가 해결되면 영적 승화나 만족이 행복에 직결되는 것처럼 축구팀에게는 훈련장과 숙식, 이동 등에 필요한 돈이 해결되면 그 이후부터는 부는 승부의 결정적인 요소가 될 수 없다. 기본요소인 선수의 개인 기량과 체력, 축구의 이해도, 감독의 전술 전략과 더불어 선수가 느끼는 절박함이 절실하다.

절박함은 그 나라 국민의 성향과 선수 각 개인이 처한 상황이 좌우한다. 국민의 열렬한 성원은 선수들을 강하게 압박하고 아직 일류선수가 못 되어 궁핍하게 살아가는 선수는 부와 명예가 절실하다. 승리에 대한 강한 동기가 부여되는 것이다. 전 대회인 남아공월드컵에서 우승한 FIFA 랭킹 1위 에스파냐가 칠레에 2대0으로 완패했다. 운이 없어서 진 것이 아니라 대등한 승부 끝에 패한 것이다.

스페인의 프리메라리가와 영국의 프리미어리그는 가장 뛰어난 선수들이 활약하고 있고 당연히 가장 부유한 구단과 선수들이다. 그런데 스페인은 탈락했고 잉글랜드는 위태위태하다. 최정상에 오른 선수는 더 올라갈 곳이 없다. 명예를 유지하기 위해서는 지속적인 훈련과 준비가 필요하지만, 부와 명예를 획득하기 위하여 치고 올라오는 신예에 비하여 동기가 부족하다. 정신적으로 패하는 것이다. 스페인 선수 각 개인의 역량과 팀 전술은 세계 최고다. 그런데도 네덜란드에 5:1, 칠레에 2:0으로 완패한 것은 축구에서 승리의 조건이 부와 실력만으로는 해결되지 않는다는 것을 증명한다. 아니 오히려 기본조건을 충족하는 상태에서는 적당한

부의 결핍이 필요해 보인다. 장거리 이동하는 생선 통에 천적을 넣어 생선을 긴장시켜 생명을 유지하는 것처럼.

그렇다. 승리의 조건은 부와 실력과 국민의 성원과 선수 개인의 동기부여이다. 그런 측면에서는 한국 팀이 선전할 가능성은 충분해 보인다. 과거에 비하면 선수들이 윤택해진 건 사실이지만 아직 충분히 부유해 보이지는 않으며 선수 개개인은 성장 욕망과 일류선수로서의 부와 명예를 갈망한다. 게다가 열화와 같은 오천만 국민의 붉은 함성이 지구를 뒤흔든다.

출근길에 스마트폰으로 본 이근호의 골 장면에 나도 목이 쉬었다. 선수 개인의 기량과 체력이라는 순수한 실력 면에서는 우승권에 근접한 팀에 비하여 다소 떨어질 수 있지만 온 국민의 열화와 같은 성원과 선수 개인의 강렬한 성장 욕망이 동인이 되어 예선리그와 토너먼트에서 승승장구하기를 두 손 모아 기도한다. 대~한민국! 짝짝짝 짝짝! 오 필승 코리아! 대한민국 만세!

비록 러시아와 1대1로 비겼지만, FIFA 랭킹 외에는 뒤처지는 것이 없어 보인다. 선수들의 개인 기량과 전술, 국민의 성원, 선수들의 성장 욕망……. 특히 손흥민, 이청용, 기성용, 구자철은 세계적인 선수들과 비교해 보아도 전혀 손색이 없어 보인다. (다소 손색이 있어 보인다고 해야 하나?)

2014. 6. 19.(목)

제10화
축구 2

축구는 잘해야 한다. 물론 다른 것, 이를테면 공부, 업무, 다른 종목의 운동도 잘하면 좋다. 인생을 살아가는데 무척 유리하다. 그런데 병사로 군에 입대하면 가장 잘해야 하는 것이 축구다. 공부 잘해도 표시가 나지 않고, 배구를 잘해도 쉽게 드러나지 않는다. 가장 많이 하는 운동, 가장 쉽게 할 수 있는 운동, 가장 많은 선수가 참여할 수 있으며 재미있는 운동이 축구다. 운동장과 공 하나와 선수들만 있으면 할 수 있다.

축구를 잘하면 동료 중에 쉽게 드러날 수 있으며 항상 내무반이나 중대, 대대 대항에 출전해야 하기에 사역이나 청소에서 제외되어 축구 연습을 할 수 있다. 물론 강제된 훈련이 재미있는 것은 아니지만 사역이나 청소보다는 낫다. 더구나 빼어난 활약을 해서 팀이 승리하기라도 하면 삽시간에 영웅이 된다. 서울대나 KIST에 다니다 왔다고 해서 특별한 대우를 하지는 않는다. 그러나 축구를 잘하면 모두 부러워하고 특별한 대접을 받는다.

사실 축구는 모든 종목에 연결될 수 있는 가장 기초적인 종목이다. 축구를 잘하는 사람은 다른 대부분의 구기 종목도 쉽게 적응한다. 움직이는 볼에 대한 감각을 익히는 것이다. 그리고 달리기와 더불어 축구를 잘하는 사람이 진정 우수한 운동선수이다. 골프, 야구, 핸드볼, 배드민턴, 탁구, 스키, 스케이트, 피겨, 체조, 승마 그 어떤 종목도 서민이 쉽게 접할 수 있는 것이 아니다. 물론 선진국에 진입한 한국에서는 대부분 원한다면 쉽게 접할 수 있는 형편이 되었으나 그것은 불과 얼마 전 일이다. 아직도 지구 인류 70억 중 대부분은 쉽게 접할 수 없다.

단 한 종목 축구만큼은 예외다. 아무리 가난한 아프리카나 동남아시아, 중남미 나라라 하여도 축구는 쉽게 할 수 있다. 공 하나와 공터와 사람만 있으면 가능하다. 사실 가난했던 60년대 70년대에는 공 하나도 없었다. 그래서 골목대장은 공을 소유한 사람이었다. 공의 주인이 특정 인원을 지목하여 축구를 하지 못하게 하면 할 수 없었다. 공의 주인이 제 공을 차지 못하게 하니 찰 수 없었다. 그래서 축구공은 소년들에게 권력이었다. 사실 500원짜리 고무공이었지만…….

공이 없어도 짚을 뭉쳐서 공을 대신하거나 돼지의 방광이나 위에 바람을 넣어 축구를 하였다. 닳아서 터지면 안에 짚을 넣어서 사용하였다. 아마 아프리카의 가난한 나라에서는 지금도 사용할지도 모른다. 그래서 축구는 본인이 원하지 않거나 장애인이 아니라면 누구나 할 수 있다.

전 인류가 할 수 있는 운동 종목의 선수가 된다는 것은 특별한 일이다. 진정한 대표선수인 것이다. 골프를 잘하는 사람은 골프 하는 사람 중 잘하는 것이다. 축구는 모든 사람이 할 수 있는 종목이기에 선수로 발탁된다면 모든 사람보다 잘한다고 할 수 있다. 그래서 축구가 전 세계적으로 인기가 있고 가치가 있는 것이다.

야구로 세계를 제패해도 상당히 의미가 있지만, 야구를 할 수 있는 여건이 조성돤 나라가 제한적인 것을 고려하면 축구와 대등한 위치에 있을 수 없다. 유럽이나 북미에 비하여 가난한 아프리카나 남미가 축구에서는 밀리지 않는다는 사실을 보면 내 말이 거짓말이 아니라는 걸 알 수 있다.

아이러니한 것은 모든 인구 중 잘하는 사람을 선발하는 축구라면 인구가 많은 나라가 유리할 터인데 중국이나 인도가 축구에 약하다는 것이다. 인도는 축구가 인기 있는 종목이 아니라서 다소 이해가 되지만 축구 인기가 하늘을 찌르는 중국이 월드컵에 출전하지 못하는 것은 상식적으로 이해가 안 된다. 백인이나 흑인에 비교하여 체력이 열세라고 하지만 비슷한 체격의 한국과 일본과 비교하면 도무지 이해가 되지 않는다. 하긴 우리나라가 스포츠 강국이 된 데에는 일본의 존재 때문인지도 모른다.

최근에 식민 지배를 받은 한국은 이유를 불문하고 어떤 분야,

어떤 종목에서도 일본에 대한 패배를 용납하지 않는다. 시간은 다소 걸리더라도 기어이 따라잡아 이기고야 만다. 스포츠의 어떤 종목에서도 일본에 밀리는 경우는 드물다. 물론 처음에는 진다. 부유한 일본에 비하여 새로운 종목을 도입하는 데 시간이 걸리기 때문이다. 그러나 단지 시간문제일 따름이다.

수영, 피겨스케이팅, 스피드스케이팅, 배구, 농구, 야구, 골프 마찬가지다. 야구의 경우는 객관적인 전력에서 일본에 절대 열세지만 막상 직접 상대하게 되면 바로 대등한 전력으로 바뀐다. 일본만은 반드시 이겨야 하기에 일본의 스포츠가 갑자기 몰락하지 않는다면 한국은 스포츠 강국으로 남을 것이다.

바둑의 경우를 보자. 한때는 일본이 세계에서 최강이었지만 한국에 역전되자 인기가 떨어졌다. 인기가 떨어졌다는 것은 어린이가 선호하지 않게 되었다는 것이고 아이들이 선호하지 않는 분야에서 유망주가 나올 턱이 없다. 일본의 바둑이 약해지자 한국도 약해졌다. 이제는 중국에 상대가 되지 않는다. 세계에서 잘해야 하는 것보다도 일차적으로 일본은 이겨야 하므로, 일본의 수준이 세계에 근접하면 우리도 바로 근접하는 것이다. 이른바 라이벌 효과다.

라이벌이란 반드시 적이 아니다. 치열한 경쟁 구도는 더욱 분발하게 하는 계기가 되고 생존을 연장하는 수단이 되기도 한다. 서로 이기려고 노력하다 보니 한국과 일본은 아시아 축구 최강국이 되었다. 결국, 일본축구가 세계 정상에 근접하면 반드시 일본을 이겨야만 하는 숙명을 타고난 한국축구는 정상에 설 것이다.

그런 의미에서 일본을 응원하였지만 실망스럽게도 한 명이 퇴장당하여 10명이 싸운 그리스와 0대0 무승부를 이루고 말았다. 호주 2패, 일본 1무 1패, 한국과 이란은 1무……. 아직 아시아 팀 승리 소식은 들리지 않는다. 이런 추세라면 현재 4.5장인 아시아 출전권이 삭감될지도 모른다. 대한민국을 비롯한 아시아 팀들이 힘을 내야 하는 이유이다.

월요일 새벽에 있는 2차전은 1차전에 패배한 알제리도 한국을 제물 삼아 승리를 노린다는데, 걱정이다. 이겨야 할 텐데……. 이길 것을 믿고 주말을 편하게 지내자. 그렇게 합시다.

2014. 6. 20.(금)

제11화
2018 러시아 월드컵 독일전

그래 기대할 수도 없고, 기대해서도 안 되지. 이길 확률이 1%라는 매스컴의 말은 사실이 아니다. 설령 사실이라 해도 현실성도 없고 가능한 이야기도 아니다. FIFA 랭킹 1위 독일과의 승부에 앞서 당연한 언론의 판단이었다.

그런데 부끄럽기에 말을 하지는 않았지만, 볼은 둥글다는 사실과 랭킹은 현재의 실력을 담보하는 것이 아니라 과거의 기록일 뿐이라는 것이었다. 누구에게도 말하지 않았다. 말해봐야 관심도 없을 뿐 아니라 현실적이지도 않았으니까.

사실 한국 대표팀이 엄청나게 못 한 게 아니라 몇 번의 실수와 심판의 판정에 문제가 있었는데, 2연패 후에 엄청난 비난에 휩쓸렸다. 아마 축구를 경험하지 않은 사람이었거나 결과만 생각하는 사람들일 것이다. 그러나 나도 아팠고 비난의 목소리가 꼭 잘못된 것만은 아니라고 생각했다.

그러나 지휘관이었을 때 잘못된 판단이 모두 자신에게 돌아온다는 것을 아는 상태에서 결정한 것이라면 그 선택에는 피치 못할 사정이 있었을 것이다. 나는 대대장 때 그런 걸 느낄 기회가 있었다.

그렇다 하더라도 신태용은 깡다구가 있었다. 논란의 중심에 있었던 장현수를 끝까지 기용한 걸 보면. 그건 그가 잘 판단했다는 것이 아니다. 결과 때문이 아니라 그렇게 욕을 먹으면서도 기용하였다면 뭔가 다른 축구 전문가나 국민이 모를 고민이 있었을 것이라는 말이다.

그렇게 해서 2018년 러시아 월드컵 최종전은 독일과의 경기였다. 우리가 독일을 이긴다고 다음 라운드에 진출하는 것은 아니다. 그러나 한 골 차이이기는 하였으나 2연패로 대표선수들이 일부 국민에게 매도당하는 상황에서 무기력하게 물러나는 것은 용서가 안 될 터였다.

독일도 급하기는 마찬가지 반드시 한국을 이겨야 할 뿐 아니라 그것도 다득점이어야 한다. 독일 국민도 한국과 비슷한 감정을 가진 사람이라면 진즉에 확정 짓지 못한 대표팀이 원망스러웠겠지만 그래도 디펜딩 챔피언으로서 한국을 가볍게 이기기를 기대하였으리라.

대한민국 국민도 우리가 다득점으로 이기고 멕시코가 스웨덴을 이겨주면 다음 라운드에 나가는 것을 알고 있었고, 비록 가능성이 희박하였지만 약간은 기대했을 것이다. 그러나 현실은 3연패를 하더라도 부끄러운 경기를 하지 말기를 바라는 것이 국민의 솔직한 심정이었을 것이다.

대표라는 것은 가슴에 태극기를 달아보지 않은 사람들은 모른다. 그것은 한 마디로 영광이고 자부심이다. 전반전부터 축구 세계랭킹 1위 독일을 상대로 기죽지 않고 뛰었다. 내 심장도 뛰었다. 그들의 처절함과 절박함이 와 닿은 것이다.

확실히 기술적 우위를 느끼게 하는 손흥민의 존재는 우리 선수에게 주는 희망 이상으로 상대에게는 압박이었다. 최종 수비수가 거침없이 우리 진영을 휘저을 수 없었다. 손흥민의 속도와 개인기는 잉글랜드 프리미어리그에서도 정평이 나 있는 터, 그것을 모를 리 없는 독일 수비수였다.

월드컵 사상 아시아 국가에 단 한 번의 패배나 무승부도 없는 절대강자 전차군단 독일, 나는 강렬하게 이기기를 원했다. 그것은 다른 말로 우리가 박살 나지 않기를 바란다는 의미다. 기회는 왔다. 독일에 일방적으로 밀리던 경기 후반 추가시간 손흥민의 코너킥에 이어 문전 혼란 중에 김영권의 골, 물론 골은 절묘한 기술에 의한 골에 더 감동한다. 그러나 압도적인 전력 차로 우월한 팀에 대한 골은 그 어떤 골도 감격스럽다. 아시아가 월드컵 본선에 자주 나가지 못한 탓도 있지만, 독일은 현재까지 아시아 팀에게 전승이었다. 그런 독일에 1승의 가능성을 안긴 김영권의 골은 전율이었다.

옆에서 같이 관전하던 아들은 스웨덴이 이기면 어차피 16강은 불가능하다고 하였지만, 인생이 그렇듯이 축구선수에게 16강이나 우승은 더욱 중요하겠지만 매 게임 1승이나 한 골도 중요하다. 국민 전체와 인류가 지켜보고 있는 상태에서 약간의 방심도 용서가 안 된다. 실수가 있었다고 하지만 장현수만의 잘못으로 인한 패배가 아님에도 전 국민의 공분을 산 것처럼 과정이나 배경을 알 수 없는 사람은 항상 존재한다.

극적인 순간은 연이어 오는 것인가? FIFA 랭킹 1위를 이기기 위해서는 끝까지 최선을 다해야 한다. 부끄러운 기록을 지우기 위해 독일의 수문장 마이어까지 우리 진영에 들어와 볼을 잡는 순간, 잽싸게 가로챈 주세종이 손흥민이 있으리라 예상되는 전방으로 볼을 길게 내질렀다. 그때부터는 축구가 아니라 손흥민과 독일 수비수의 달리기 시합이었다. 그리고 달리기는 FIFA 랭킹에 비례하는 것이 아니다. 그렇게 랭킹 50위도 안 되는 한국은 1위 독일을 두 골 차로 이겼다.

게임 전 언론에서는 한국이 1대0으로 이길 확률보다는 독일이 7대0으로 이길 확률이 높다고 예상하였다. 그렇지는 않을 것으로 생각하면서도 솔직히 2002년에 독일이 사우디아라비아를 8대0으로 이겼다는 사실을 상기하면 불안한 건 사실이었다. 그런데 무적의 전차군단 독일을 2대0으로 이겼다. 16강에 갔으면 더 좋았을 것이다. 이영표 해설위원의 말대로 한국의 전력은 점점 상승

중이었으니까. 그러나 독일을 이긴 것만으로도 충분히 잘했다. 아마 그것은 조자룡뿐만 아니라 축구를 이해하는 전 세계 팬도 동감하리라.

    랭킹은 현재나 미래의 실력을 담보하는 것이 아니다. 랭킹은 단지 과거의 전적일 뿐이다. 패배의 확률이 높고, 패배의 아픔이 극심하다는 것을 알면서도 혹시 모를 승리의 환희를 만끽하기 위해서 한밤중에 국가대표 축구경기를 볼 수밖에 없었는데 백 퍼센트 기대를 충족할 수 있었다. 2002년 이후로 가장 재미있는 축구경기였다. 비록 TV로 시청하였지만, 그 순간을 직접 만끽한 나는 행복하다.

2018. 6. 27.(수)

제12화
손흥민

웨스트햄전

어제 토트넘과 웨스트햄의 축구를 봤다. 손흥민이 출전하기에 얼마나 잘하는지 보고 싶었다. 기대에 부응해서 한 골과 하나의 어시스트로 최고의 활약을 했다. 내가 기대했던 세 골, 두 어시스트에는 미치지 못했지만, 출전 선수 중 최고였다.

산행하면서 생각했다. 내가 왜 토트넘 경기를 보는가? 토트넘이 이겨도 대한민국의 발전이나 한민족의 우수성과는 아무런 관계가 없다. 물론 내 사생활과도 관련이 없다. 그렇지만 행복했다.

생각해 보니 묵자나 노자나 예수나 부처는 중국이나 이스라엘이나 인도의 국가대표가 축구를 이겨도 흥분하지 않을 것이다. 아마 공자는 열렬히 응원했을 것이다. 그렇다. 나는 공자류다. 가족과 사회와 국가에 대하여 관심이 많은 공자류다. 인류 전체보다는 내 가족이나 조국 위주로 사랑을 한다. 나는 우리가 아닌 인류나 우주 전체를 더 먼저 생각하려고 해도 안 된다. 그것이 범인에 불과한 나의 한계다. 일본이나 미국이나 중국을 우리나라와 동등하게 인정하려고 해도 어느 순간 대한민국을 응원한다. 결국, 묵자나 부처나 예수의 수준에는 못 미치는 것이다.

사람이 이해가 안 가는 행동을 해도 이해해야 한다. 내 기준에는 미치지 못할 수 있지만, 각자는 최선을 다하는 것이다. 내가 손흥민을 응원하는 것이 인류 전체가 아닌 대한민국을 우선하는 것과 마찬가지로 어떤 사람은 가족을, 어떤 사람은 자신만을 먼저 생각하는 것뿐이다.

나는 40대까지 대한민국을 최우선으로 생각하는 것을 자랑스럽게 생각했다. 그것이 부끄러운 것은 아니지만 전 인류의 평화와 안정을 추구했던 묵자나 부처나 예수에 비교하면 부족하다는 것을 인정해야 한다.

사람은 각자 자신의 세상에서 살아간다. 빅뱅부터 50억 년 후 태양의 소멸까지 감지하며 살아가는 사람도 있지만, 오늘 현재에 급급한 사람도 있다. 무시하지 마라. 물론 그대가 더 많은 것을 알고 있거나 위대한 사람일 수는 있다. 그러나 2000년 전에도 그대보다 더 크고 먼 고민을 한 사람도 있다. 더 큰 사람이 되기 위해 노력하지만, 그 결과는 알 수 없다. 그러나 나는 죽을 때까지 노력할 것이다. 더 크고 위대한 사람을 향하여.

어제는 기대만큼은 아니더라도 손흥민의 한 골, 하나의 어시스트에 행복했다. 비록 그것이 노자나 묵자나 부처나 예수의 규모에는 미치지 못하지만, 그것이 현재 내 정체성의 한계임을 어쩌겠는가? 타인의 사고와 행위를 판단은 하되 지나치게 폄훼하지 마라. 그대나 내 사고의 영역도 그렇게 광활하거나 찬란하지는 않다.

어제는 아내와 아름다운 하늘을 보아 행복했고, 손흥민의 엄청난 골과 어시스트에 전율했다. 오늘도 만덕산 기암괴석이 나를 행복하게 했다. 그것으로 만족하자.

2019. 11. 24.(일)

75m

최근 네 경기 연속 프리미어리그 손흥민의 경기를 전부 관전했다. 시간대가 달라 영국에서 벌어지는 경기를 보기 위해서는 새벽까지 잠을 자지 않던가 새벽에 일어나야만 한다. 쉬운 일이 아니다. 그러나 자지 않거나 자다가 깨는 일도 쉽지 않지만 그대로 자는 일은 더 어렵다. 나의 잠재의식 속에 경기 시간이 입력되어 있고 수면 중에도 지속해서 자극하기 때문이다.

대부분 과도한 내 기대만큼은 아니었어도 공격포인트를 올렸고 경기 결과도 좋았다. 가장 최근에 맨유와의 경기에서 공격포인트도 없었고 경기도 졌기 때문에 우울하였고 힘든 하루를 보내야 했다. 이유 없이 저하된 사기로 독서도 작문도 운동도 의욕이 없었다. 내가 왜 이러나, 축구가 뭐고 손흥민이 뭐라고, 이제 축구를 보지 말아야겠다.

지난 목요일 불과 이틀 전의 생각이었지만 토요일이 되자 또 갈등이 생겼다. 하필 새벽 3시나 4시에 시작하는 것이 아니라 자정에 하는 것이 문제였다. 12시라면 아직 잠도 들지 않은 시간 아니던가? 그래 한 번만 더 보자. 지나친 기대로 스트레스받지 말고 축구를 보는 것은 힘들다. 90분 내내 한 골도 터지지 않을 수도 있고 원하는 선수가 출전하지 않거나 활약하지 못할 수도 있다. 심지어 응원하는 팀이 질 확률도 거의 절반에 달한다. 그러나 축구경기를 보는 사람은 많다. 다른 많은 사물과 마찬가지로 축구는 중독성이 강하다. 지난 경기의 하이라이트는 결과를 미리 안다는 점에서 그다지 감동적이지 않다. 예상하지 못한 시간에 상상할 수 없는 선수의 동작과 아름다운 궤적의 골은 표현할 수 없을 정도로 전율적이다.

전반 30분 토트넘이 두 골 차로 앞선 가운데 손흥민이 수비 중골 에어리어 부근에서 볼을 잡았다. 역습 기회다. 주변을 살펴본다. 상대 선수는 뒤에 두 명, 앞에 네 명이다. 상대 진영으로 쇄도하는 우군 선수를 찾았으나 아직 없다. 조금 시간을 끌면서 기회를 노려야 한다. 볼을 소유한 채 10여 미터를 전진하였으나 주변을 감싸고 있는 네 명의 상대 선수 때문에 좌측의 델레 알리나 우

측의 루카스 모우라에게 패스할 공간이 없다. 어쩔 수 없다, 몇 명을 제치는 수밖에. 이런, 볼 터치가 조금 길었다. 볼을 세워서 상대 선수를 피해 패스하는 것이 여의치 않다. 볼을 그대로 앞으로 터치하고 수비 사이를 뚫고 달리기 시작한다. 아직은 중앙선 근처라 상대 골문까지는 멀다. 그래도 다른 방법이 없다. 패스할 선수도 공간도 없으므로 달리기로 승부를 내야 한다. 치고 달리자 상대 선수들이 벌떼같이 좇아 온다. 그러나 손흥민과 수비수와의 거리는 더 벌어진다. 마침내 상대 골 에어리어에 도달했다. 달려 나오는 키퍼를 피해 강슛! 골인이다.

토트넘 골 에어리어에서 상대 골 에어리어까지 75m 이상을 홀로 돌파하여 기록한 골, 아마도 전무후무할 것이다. 그 광경을 직관한 현장의 관중은 그대로 무너져 내렸다. 1986년 멕시코 월드컵에서 마라도나가 중앙선 부근부터 단독 드리블하여 두세 명의 수비수를 제치고 골을 기록하였지만, 손흥민은 골 에어리어에서 골 에어리어까지 7명의 수비수를 무력화하며 골을 기록하였다. 역대급 중 역대급 골을 기록한 손흥민은 행복해 보였다. 현장의 토트넘 팬도 TV로 관전한 나를 포함한 한국 팬도 행복하였다.

평생 한 번 볼까 말까 한 장면을 보기 위해 우리는 기꺼이 소중한 시간을 투자한다. 오늘 새벽 경기는 충분히 투자가치가 있는 시간이었다. 엄밀한 의미에서 오늘의 승자는 토트넘이나 조제 모리뉴 감독이 아니라 관전자가 틀림없다. 나는 행복하다.

2019. 12. 8.(일)

해트트릭

해트트릭이라는 말이 있다. 해트트릭(Hat-trick)은 축구, 아이스하키 등에서 한 선수가 한 경기에서 3득점 하거나 한 팀이 3년 또는 3회 연속으로 타이틀을 석권했을 때 칭한다. '해트트릭'이란 말은 20세기 초 영국 크리켓 게임에서 3명의 타자를 연속 아웃시킨 투수에게 새 모자를 주어 그 명예를 칭송한 데에서 유래하였다.

축구에서 해트트릭은 실력을 증명하는 훈장으로서의 의미를 지닌다. 'Hat-trick'은 단어에서도 알 수 있듯이 모자를 칭하는 hat과 속임수를 뜻하는 trick을 합친 말이다. 이 말의 유래는 거리에서 모자 3개로 저글링 하는 놀라운 모습을 빗대어 축구경기에서 엄청난 능력으로 골을 만드는 걸 지칭하게 되었다는 설이 있다.

2015년 영국 프리미어리그 토트넘 홋스퍼에 정착한 손흥민은 매년 진화하고 성장하는 놀라운 모습을 보여주었다. 공격포인트를 지속해서 늘려왔고, 중요한 경기에서 엄청난 득점과 전무후무한 골로 주목받았다. 세계 탑-클래스라는 말은 수시로 듣는 찬사였으나 한가지 부족한 게 있었다. 탑-클래스 선수라면, 특급 골게터라면 훈장과도 같은 프리미어리그 해트트릭이 없었다. 물론 손흥민의 해트트릭 기록은 있다.

2013년 11월 9일 열린 분데스리가 함부르크SV와의 경기에서 첫 해트트릭을 달성하여 경기 최우수선수로 선정되었고, 2015년 2월 15일 분데스리가 볼프스부르크와의 경기에서 통산 2번째 해트릭을 달성하였으나 상대 팀의 바스 도스트가 4골을 넣는 활약을 하여 4대 5로 패배하였다. 토트넘 유니폼을 입고는 2017년 3월 12일 열린 밀월 FC와의 FA컵 8강전에서 3골 1도움을 기록했었다. 국가대표로는 2015년 9월 3일 라오스와의 경기에서 해트트릭을 기록하였고 대한민국의 8대0 대승을 이끌었다.

과거 4차례 해트트릭이 있었지만, 탑-클래스라는 수식어가 붙은 이후 EPL과 챔피언스리그 같은 권위 있는 대회에서의 해트트릭은 없었다. 신격으로 일컬어지는 메시와 호날두가 밥 먹듯이는 아니더라도 짜장면 먹는 빈도의 간격으로 해트트릭을 달성하는 것을 보면 아쉬웠다. 그래서 손흥민의 경기를 볼 때는 마음속으로 3골 2도움을 상상한다. 말로 표현하면 축구를 이해하지 못하는 사람으로 타박받을까 봐 그렇다.

마침내 손흥민이 EPL에서 해트트릭을 달성했다. 2020년 9월 20일 2라운드 사우샘프턴과의 경기에서다. 상대 팀 대니 잉스의 선제 득점으로 끌려가던 전반 추가시간 미드필더에서 은돔벨레가 힘겹게 공을 따내 중앙선 근처의 해리 케인에게 연결하였다. 은돔벨레가 공을 확보하는 순간 손흥민은 이미 상대편 골문을 향해 출발했다. 공을 받은 해리 케인은 논스톱으로 상대 골 에어리어로 보냈고, 다소 먼 듯 보였으나 가속을 붙인 손흥민이 간신히 잡아 각이 없는 상태에서 강력한 오른발 슛으로 골문을 갈랐다.

두 번째 골은 골문을 등진 상태에서 공을 받은 해리 케인이 마치 등 뒤에서 움직이는 손흥민을 두 눈으로 본 듯이 정확하게 골문 쪽으로 찔러주었고 득달같이 달려들어 공을 낚아챈 손흥민이 상대 수비수 한 명을 제치면서 왼발 슛 왼쪽 골망 구석으로 정확히 밀어 넣었다.

세 번째 골의 어시스트도 해리 케인이었다. 중앙선 부근에서 볼을 잡은 해리 케인이 수비수를 달고 우측으로 치고 들어가며 길게 넘긴 공을 출발과 속도가 빨랐던 손흥민이 확보하여 강력하게 오른발 슛 세 번째 골을 작렬하였다.

네 번째 골의 도움도 해리 케인이었다. 상대 미드필더 진영에서 볼을 잡은 해리 케인은 지체하지 않고 골문을 향해 크로스, 골 에어리어 안에서 바운드 된 볼을 가슴으로 트래핑한 손흥민은 논스톱 왼발 발리슛, 골키퍼와 골대 사이의 미세한 틈을 뚫고 골인 되었다.

사실 해리 케인은 전문 골 사냥꾼이지 도우미와는 거리가 멀다. 지난 시즌 전체 도움이 겨우 2개였다. 골대 근처에서 어슬렁거리다가 지나가는 공을 낚아채 골로 결정짓는 전형적인 골 게터지만, 오늘은 골문과의 거리가 너무 멀었다. 그래도 골 넣는 공격수로 유명하므로 상대 수비는 케인이 공을 잡으면 두 명 이상 달라붙었고 케인은 망설이지 않고 상대 골 에어리어 부근으로 공을 보냈다. 5년간 손흥민과 뛰어본 결과 같은 팀 선수가 공을 소유했을 때 손흥민의 움직임을 잘 알고 그의 속도를 믿기에 가능하였다. 케인의 네 번의 크로스나 침투 패스는 그대로 손흥민의 골로 연결되었다.

개막전 패배로 불안하고 기분 나빴던 모리뉴 감독이나 토트넘 선수, 팬과 국내 손흥민 팬을 안도하게 하는 케인과 손흥민의 활약이었다. 케인은 마지막 골도 추가하여 5대 2로 완승, 오랜만에 보는 대승이요 쾌승이었다. 덕분에 2라운드를 치른 현재 손흥민은 득점 공동 선두고 해리 케인은 공격포인트 단독 1위다.

이 경기는 많은 기록을 양산하였다. 손흥민은 2020~2021 EPL 토트넘 1호 골부터 4호 골까지 넣는 진기록을 작성하였고, 한 경기 한 선수가 넣은 네 골을 한 선수가 도운 건 신기록이었다. 오전에 메이저리그에서 활약하는 류현진의 6이닝 2실점 호투에도 타선 불발로 패배와 김광현의 5이닝 4실점으로 영점 대 방어율이 깨져 기분이 엉망이었으나 손흥민의 만점 활약으로 180도 전환되었다. 인생사 새옹지마요, 전화위복이다.

브라질의 펠레는 공식 경기에서 무려 92차례 해트트릭을 달성했다고 한다. 손흥민이 그 기록을 깰 수야 없겠지만 50회 정도의 해트트릭을 기대해 본다. 그것만으로도 150골이다. 앞서가는 메시와 호날두뿐만 아니라 동갑인 네이마르도 더 크게 활약하고 있으며, 뒤쫓는 음바페 홀란드 산초의 성장 속도가 무섭다. 이미 손흥민의 기량을 넘어섰을지도 모른다. 그러나 현재 최고가 아니라도 최고를 향해 도전하는 과정을 보는 것도, 최고의 선수들과 비교하는 것도 즐겁다.

이 기세를 이어 토트넘 최초의 EPL 우승과 유로파리그 우승, 손흥민의 발롱도르 수상을 기대한다. 허무맹랑한 소리일 수 있으나 원래 꿈이란 게 불가능을 상상하는 것 아니던가?

2020. 9. 21.(월)

맨유

맨유, 잉글랜드 프리미어리그에 속하는 프로축구구단 맨체스터 유나이티드의 약자다. 세계에서 가장 규모가 크고 유명한 클럽으로 박지성이 전성기에 활약했던 팀으로 국내 팬에게도 가장 인기 있는 구단이다.

맨유는 축구 종주국 영국에서도 가장 인기 있는 구단일 뿐 아니라 역대 성적에서도 최고다. 역대 프리미어리그 우승 횟수 20회로 2위 리버풀에 근소하게 앞서 있다. 그러나 현 체제로 운영되는 1992년 이후만 보면 이야기가 다르다. 총 29회 중 무려 13회나 우승했다. 2위 첼시 5회와 3위 맨체스터 시티 4회와 차이가 크다. 2012~2013시즌 우승 이후 잠잠한 상황이지만 호시탐탐 EPL과 챔피언스리그 우승을 노리는 절대강자다.

2020~2021 EPL이 시작되었다. 챔피언스리그와 유러파리그 예선이 진행되고, 잉글랜드 카라바오컵 대회가 진행되어 모든 대회에 출전해야 하는 강호들은 2~3일에 한 경기씩 치러야 하는 강행군을 하고 있다. 어쩔 수 없이 로테이션을 운영해야 하므로 초반 성적이 신통치 않다.

토트넘 홋스퍼도 유러파 예선 3경기와 카라바오컵을 동시에 치르는 와중에 EPL이 개막되어 1승 1무 1패로 고전하고 있다. 특히 사우샘프턴전 4골을 몰아넣은 손흥민은 절정의 골 감각을 자랑하고 있었으나 뉴캐슬전 햄스트링 부상으로 이후 경기에 나서지 못했다. 1승 1패를 기록하는 부진한 출발을 보이는 맨유에는 호재요, 토트넘으로서는 결정적인 악재였다. 우승을 노리는 팀으로서 초반 분위기를 타야 하는 양 팀으로서는 놓칠 수 없는 한판이었다. 손흥민이 출전 불가능한 것으로 알려졌으나 토트넘 모리뉴 감독의 출전 가능성 언급은 상대 팀을 헷갈리게 할 의도인지 진실인지 알 수 없었다. 손흥민이 출전하지 않는 경기를 새벽까지 보고 싶은 마음이 없었으나 자기 전에 뉴스에서 선발출전이라는 말에 마음을 바꿨다.

2020년 10월 5일 밤 00시 30분에 시작한 경기는 처음부터 난타전이었다. 시작과 동시에 맨유에서 얻어낸 페널티킥을 페르난데스가 침착하게 성공시켰다. 하지만 거기까지였다. 불과 2분 후 맨유 문전에서 라멜라가 악착같이 공을 따내려고 수비수와 경쟁하는 사이 공이 흘렀다. 눈앞으로 다가오는 공을 은돔벨레가 득달같이 달려들어 강슛, 수비수의 몸에 맞고 굴절되어 그대로 골인되었다.

공중볼을 다투던 케인이 맨유 수비수에 밀려 넘어졌다. 심판의 파울 휘슬이 울리는 순간 손흥민은 상대 골문 쪽으로 스타트했고, 케인은 일어나면서 손흥민 쪽으로 볼을 찔렀다. 수비수 두 명이 뒤늦게 달려들었으나 손흥민이 더 빨랐다. 한 번 터치하고 달려

나오는 골키퍼를 교묘하게 피하는 칩숏, 데굴데굴 구른 공은 골문 우측 구석으로 흘러 들어갔다. 역전 결승 골이었다.

변수가 발생했다. 2대 1로 뒤지던 전반 28분 맨유의 앙토니 마샬이 라멜라의 거친 행동에 보복하였다가 퇴장당하였다. 그러잖아도 **빠른 역전**에 흔들리던 맨유는 완전히 무너졌다. 전방 압박하던 케인이 수비수의 실수를 유발했고, 흐른 공이 손흥민에게 배달되었다. 수비수가 밀집된 상태에서 골을 노릴 수 없는 상태라 숏타임을 잡는 척 시간을 끌다가 반대편에 있던 케인에게 정확하게 연결하였고 케인의 논스톱 숏은 그대로 골인되었다. 케인과 손흥민이 서로 한 골씩을 도와 두 골을 완성하는 순간이었다.

손흥민의 활약은 그게 끝이 아니었다. 우측 수비수 오리에가 측면 돌파에 성공하자 골 에어리어 근처에서 골문으로 대시, 오리에의 크로스가 수비수 다리 사이로 통과하자 손흥민이 가볍게 터치하여 맨유의 골키퍼, 데 헤아 가랑이 사이를 지나 골인되었다. 전반에만 2골 1도움의 미친 활약이었다.

전반을 4대 1로 뒤진 채 마친 맨유는 선수 한 명이 부족한 탓도 있어서 역전 의지를 불태우지 못하고 지지부진 끌려가다가 오리에와 케인에게 한 골씩을 더 허용하여 결국 6대 1이라는 큰 점수 차로 대패하였다. 맨유로서는 치욕적인 패배였다. 현 프리미어리그 체제 이후 맨유가 전반에 4골을 허용한 것은 최초였고, 1부 리그 시절까지 포함해도 1957년 이후 최초라니 맨유 선수나 팬의 실망을 짐작할 것이다.

맨유의 공격수 래시포드의 SNS 메시지를 통하여 그 마음을 이해할 수 있다.

"우선 나는 맨유의 팬이다. 그리고 이곳은 내 클럽이다. 나는 맨유의 유니폼을 입는 게 자랑스럽다. 하지만 변명의 여지가 없다. 오늘 경기는 충분하지 않았다. 오늘 전 세계에 있는 모든 맨유 팬에게 정말 미안하다. 팬은 훨씬 더 훌륭한 대우를 받을 자격이 있다. 오늘 밤 나는 소셜미디어에서 멀리 떨어져 있었다. 하지만 팬은 팀이 잘하든 못하든 내 말을 들을 자격이 있다. 이는 숨길 수 없다. 사실 기분이 매우 끔찍하지만, 우리가 더 잘할 것이라고 약속하고 싶다."

토트넘은 개막전 홈에서 에버턴에 1대 0으로 패했고 지난 뉴캐슬전에도 1대0 리드를 지키지 못하고 막판 페널티킥으로 실점하여 어려운 상황이었다. 그러나 손흥민의 사우샘프턴전 4골과 맨유전 2골 1도움은 선수들의 사기를 올리고 팀을 도약시키기에 충분한 활약이었다. 더구나 손흥민으로서는 유일하게 득점이 없던 맨유를 상대로 한 득점이라 의미가 컸다.

출발이 좋은 손흥민이 부상 없이 내년 시즌을 마칠 때까지 끊임없이 질주하고 새로운 기록과 역사를 창조하기를 바란다. 잠을 제대로 자지 못해 피곤한 상태지만 나는 행복하다. 손흥민 땡큐다. 손흥민 만세, 파이팅 코리아다.

2020. 10. 5.(월)

제13화
김학범의 전략

올림픽 예선을 겸한 23세 이하 아시아 챔피언십 4강에서 호주를 2대 0으로 꺾고 결승에 진출했다. 아시아에 할당된 4장 중 개최국 일본이 한 장을 선점했으므로 3위 안에 들어야 올림픽에 나갈 수 있다. 어쩌면 결승보다 중요한 경기에서 압도적인 경기력으로 호주를 제압하고 올림픽 출전권을 따냈다. 9회 연속 출전이다. 9회 연속 출전은 세계신기록이다. 세계 축구사에 한국 이름을 올린 것이다.

축구 수준이 유럽이나 남미에 떨어지는 아시아 대표로의 올림픽 출전이기 때문에 가치가 떨어질 것으로 생각하는 것은 천만의 말씀이다. 한국이 예선 3경기와 8강전까지 전승을 하였지만 골 차는 단 한 골이었다. 모든 게 평준화되어 가는 추세대로 축구의 실력은 간발의 차이고, 실력이 우월하다고 하여 반드시 이기는 것도 아니다. 한국의 승리에는 중요한 이유가 있었다.

축구에 로테이션이라는 게 있다. 인간의 체력에는 한계가 있는데 체력 회복에 필요한 72시간 이상의 충분한 시간이 주어지지 않을 때 어쩔 수 없이 주전을 쉬게 하고 후보가 대신 경기를 하는 개념이다. 11명이 하는 축구에서 주전과 후보의 차이는 크다. 동네 축구에서는 잘하는 한 명이 승부를 결정하기도 한다. 체력에 문제가 돼도 특정 선수를 고집할 수밖에 없는 감독의 딜레마다.

이번 대회는 태국에서 한다. 태국은 일 년 내내 뜨거운 열대지방이다. 섭씨 30도를 웃도는 날씨에 90분 경기를 3일 간격으로 한다는 것은 정상적인 몸 상태를 유지할 수 없다는 것을 말한다. 한국의 김학범 감독은 과감한 로테이션 전략으로 나왔다. 로테이션이 가능하기 위해서는 주전과 후보 실력 차가 적고 결과를 확신해야 가능하다. 패하면 끝인 토너먼트 경기에서 로테이션으로 패하면 모든 비난이 감독에게 쏠릴 것은 불을 보듯 뻔하다.

위험을 감수한 김학범의 전략은 성공이었다. 예선전과 8강전은 우세한 경기였지만 한 골 차의 결과가 말해 주듯 힘겨운 싸움이었다. 그러나 대부분이 주전이 뛰는 상대 팀에 비교하여 최소 한두 경기 덜 뛴 한국팀에게는 체력이 있었다. 호주가 만만한 팀은 아니었으나 오늘 경기는 일방적이었다. 야구나 골프같이 정적인 운동은 체력 부담이 덜하다. 그러나 축구나 농구와 같이 직접 상대 선수와 몸을 부딪쳐 경쟁해야 하는 경기에서 체력은 결정타가 된다. 많이 뛰는 팀이 이기는 것이다.

　오늘 한국 팀은 많이 뛰었다. 많이 뛰니, 볼 잡을 확률이 높고 경기를 지배한다. 그 결과 예선이나 8강전 상대보다 강한 호주를 두 골 차로 이겼다. 선수들의 투혼과 국민의 염원도 도움이 될 수 있으나 감독의 선수에 대한 안목과 경기 일정, 날씨를 고려한 전략의 승리였다. 승리에는 항상 감독의 영광이 따르지만 지난 아시안게임에서 와일드카드로 손흥민 조현우와 더불어 황의조를 깜짝 발탁하여 획득한 금메달과 더불어 9회 연속 올림픽 출전의 영광은 23세 이하 한국축구 대표팀 감독 김학범에게 돌아가는 것이 마땅하다. 오늘 밤은 김학범 감독이나 선수들에겐 못 잊을 밤, 행복한 시간일 것이다. 나도 행복하다.

2020. 1. 23.(목)

제2부 전우

전우가 친구처럼
그대를 잘 이해할 수 없을지는 모른다.
사랑하지 않을지도 모른다.
그러나 위기에서 그대를 살린다거나
대신 죽을 사람은 전우뿐이다.

조자룡

제1화
희생과 봉사

우리의 몸 중에
가장 먼저 활동하는 것은 눈,
가장 많은 일을 하는 것은 손,
가장 힘든 것은 발이라고 합니다.

가장 먼저 활동하는 눈은
신체의 모든 부위의 안전을 위해
더 쉬고 싶어도 가장 먼저 활동을 시작한다지요,
국민의 생명과 재산을 지키는 국경의 초병처럼.

가장 많은 일을 하는 손은

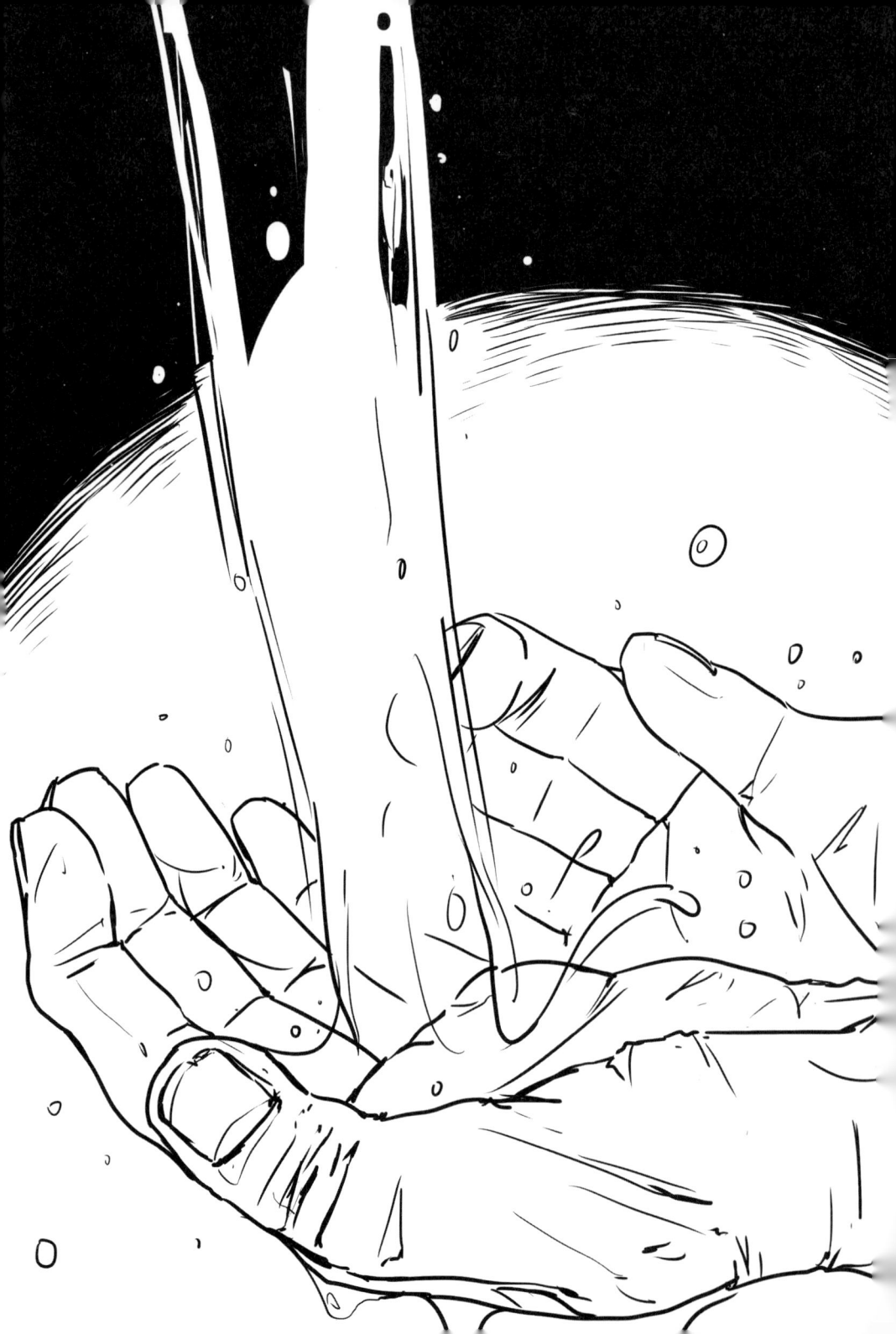

정작 자기 자신을 위한 일은 한 가지도 않는답니다.

손을 닦는 동작조차도
왼손은 오른손을 닦아주고
오른손은 왼손을 닦아준다네요.

가장 힘든 발은
신체의 모든 부위를 떠받들고 활동을 하고
움직이는 동안은 쉴 틈이 없을 정도로 가장 힘들어하지만
가장 대우를 받지 못합니다.
냄새나고 더럽다고 괄시하기 일쑤래요.

그렇게
먼저 일하고
많이 일하고
힘들게 일하면서 좋은 대우도 받지 못하지만
그들은 불평하지 않습니다.

자신만이 그 일을 할 수 있기 때문입니다.

2003. 7. 12.(토)
공군교육사 신병 교육 중

제2화
운명

사랑하는 것과
좋아하는 것의 차이점은
사고의 중심이
'너'와
'나' 차이랍니다.

사랑은
전체적이고 영구적이며
자신의 의지로 선택 불가능한
운명이랍니다.

좋아하는 것은
부분적이고 일시적이며
필요에 따라 변화하고
선택이 가능하대요.

그래서 좋아하는 것은
'나' 중심의 이기적인 생각으로
지금은 좋아하지만
나중에는 바뀔 수가 있다고 합니다.

하지만 '너'를 중심으로 하는 사랑은
선택 불가의 운명이기 때문에
언제까지나
희생과 봉사를 해야 합니다.

그 운명은 바로
자기 자신과
부모,
그리고 조국입니다.

2003. 7. 12.(토)
공군교육사 신병 교육 중

제3화
이병 박○○ 부모님께

안녕하십니까? 댁의 아드님과 생사고락을 함께하는 대대장 조자룡 소령입니다. 아직 덜 자란 듯한 아들을 군에 보내시고 염려되시지요? 걱정하지 마십시오. 겨울이 가면 봄이 오고, 달이 차면 기우는 것처럼 그냥 보통 사람 모두가 겪어야 하는 과정일 뿐입니다. 그리고 거의 모든 사람이 무사히, 아니 오히려 발전적으로 변모해서 사회에 나가게 됩니다.

저는 아드님의 군에서의 임무와 내무생활을 책임지고 있는 대대장입니다. 제게도 두 명의 딸과 한 명의 아들이 있습니다. 아이들이 생기기 전에는 사람을 별로 사랑하지 않았습니다. 하지만 제 아이가 생기고, 그 아이들을 사랑하면서 많은 걸 깨달았습니다. '세상에 소중하지 않은 사람은 없다. 아무리 멍청하고, 바보스럽고, 설령 장애인이라 해도 그 자신보다 그를 더 사랑하는 사람이 있다.'라는 걸 말입니다. 부모님의 사랑을 어떻게 필설로 다 표현할 수 있겠습니까? 그렇게 소중한 자식을 어찌 소홀히 할 수 있겠습니까? 설혹 제 자식만큼 사랑할 수 없을지는 몰라도, 자식처럼 사랑하려고 노력하고 있습니다.

대한민국 군대는 대한민국의 모든 남성이 거쳐 가는 길목입니다. 그 길목의 한 모퉁이에 서 있는 골목대장으로서 제 부하들이 대한민국, 아니 전 세계의 어떤 남자보다도 더 강하게, 씩씩하게, 늠름하게, 용기 있는, 정의로운, 정열에 불타는 남자로 만들고 싶습니다. 그는 현재 제 부하이지만 머지않아 대한민국의 성인으로서 사회의 일각을 책임질 대한민국의 꿈나무입니다. 군대가 제2의 교육의 장이라는 말을 가슴에 새기고, ○○이가 장차 국가의 기둥으로 성장할 수 있도록 최선의 노력을 하겠습니다.

우리 대대는 전투기에 미사일과 폭탄을 장착하는 공군 최 일선 부대입니다. 때로는 육체적으로 힘들 때도 있지만 모든 선배 군인이 그러했듯 버티고 견디고 극복해 갈 것입니다. 이제까지는 부모님의 우산 아래 고이고이 잘 자라 주었지만, 저는 대대장으로서 언제 어디서나 한 사람의 성인 역할을 충분히 할 수 있는 건전하고 건강한 대한 남아로 육성할 것을 다짐합니다. ○○이가 변모하는 모습을 지켜봐 주십시오.

바쁘신 와중에도 설문에 충실히 답변해 주신 데 감사드리며 아버님의 답변은 ○○이와 동료 전우 간 병영 생활을 하는데 귀중한 자료가 될 것입니다.

　언론을 통하여 사회의 모든 분이 힘겹게 살아가고 있다는 것을 접하곤 합니다. 다소 삶이 지치고 괴롭더라도 ○○이의 발전하는 모습을 지켜보는 것을 위안으로 삼으면서 견뎌내시길 바랍니다. ○○이 가족 모두의 건강과 행복을 진심으로 기원합니다. 안녕히 계십시오.

2004. 3. 29.(월)
전입 신병 가족 설문 조사결과 부모님 편지에 대한 답장

제4화
공군 뉴스레터 4행시 공모결과

안녕하십니까? 여러분이 상당히 좋아하리라고 믿는 순진한 군인 무장대대장입니다. 오늘은 아니 어제부터 기분이 엄청 짱입니다. 우리 무장대대가 강한 것은 천하가 다 아는 사실이지만 정말 이 정도일 줄은 저 자신도 몰랐습니다. 공군 뉴스레터 6만 회 접속 기념 이벤트가 있었습니다. 6월 말에 '공군 사랑'과 '필승공군'을 주제로 4행시 공모가 있었지요. 제가 개인별 1건 이상 제출하라는 말은 했지만, 당선은 큰 기대를 하지 않았습니다. 사실 ○만 명이나 되는 공군 중에서 당선되는 것은 코끼리가 바늘구멍 통과하기만큼 어려운 일이지요. 하지만 40명 당선자 중 무려 4명이나 당선되었습니다. ○○비가 아닙니다. ○○비 무장대대에서 당선된 인원이 그렇다는 것입니다. 그것도 현역은 20명밖에 뽑지 않앉는데…….

제가 언젠가 일당백이라는 말을 하였는데 정말 이제는 우리 무장대대원 각 개인이 일당백은 되는 것 같습니다. 공군 전체 인원 중 20%를 당선시켰으니 말입니다. 아침에 전대장과 단장께 보고하였습니다. 무척이나 흐뭇해하시면서 한 부씩 보관하신다고 가져가셨지요. 정말 시인처럼 잘 썼다는 말씀과 함께. 그래서 전대 지휘관 참모 회의도 대대장실에서 했습니다. 전대장실이 아닌, 무장대대장실에서 말입니다.

하하, 여러분도 기분 좋지 않습니까? 우리의 기분을 한껏 띄운 영광의 얼굴을 알려야겠지요. 통제실의 엄마라는 정○○ 상사, 대대의 보안 지킴이 한○○ 상사, 무장장착만큼은 짱이라는 202중대의 안○○ 하사, 통제실의 막내지만 마음만은 어른이라고 주장하는 박○○ 일병, 그들이 있기에 대대장은 든든합니다. 또 있습니다. 며칠 전에 전반기 지상 사격결과 문서가 하달되었습니다. 당근 무장대대는 끼어 있지요. 비록 화학지원대에 1점 차이로 최우수부대는 내주었지만 21명의 화학지원대와 170명의 무장대대를 단순 비교하는 건 무리가 있겠지요. 기지작전 과장이나 기지작전과 선임부사관의 설명이 없어도 무장대대가 최고라는 사실에 이견이 없습니다.

대대장부터 중대장, 감독관, 선임부사관, 사격 교관, 사격 보조요원 그리고 전 대대원이 기필코 명중해야겠다는 마음가짐과 정신집중이 있었기에 가능했던 쾌거입니다. 덕분에 개인상도 두 명이나 수상하게 되었더군요.

자랑스럽지요? 여러분 자랑스럽지 않습니까? 여러분 자신이. 우리가 월드컵에서 승리한 것보다 국민의 뜨거운 열기에 더 놀라고 감격했던 것처럼 자신만이 아니고 전우가 그렇게 열심히 할 수 있고 잘할 수 있다는 사실에 더 놀랐을 겁니다.

하지만 한 가지 더 소개하겠습니다. 통제실장이 전반기 성과상여금 분석자료를 가져왔더군요. 말이 필요 없겠지요? 통상 대대장이 말을 꺼내기 시작하면, 그 뒤는 익히 짐작이 가지 않습니까? 그렇습니다. 정말 타의 추종을 불허하는 엄청난 점수입니다. 그 누구도, 단체도 비교를 허락하지 않는.

자랑스럽습니다, 여러분이. 여러분 스스로 자부해도 됩니다. 우리는, 나는 이 정도 수준이라고. 제가 다소 미흡해도 당당하게 처신하라는 말을 여러 번 하였습니다마는, 정말로 이제는 당당하게 행동해도 됩니다. 가슴을 활짝 펴고, 두 팔을 힘차게 휘두르면서, 가끔은 푸른 하늘을 우러러보며, 늠름하게, 보무도 당당하게 걷는 것입니다. 누가 사나이 가는 길을 방해하겠습니까? 무장대대 힘내자!

공군 뉴스레터 4행시 당선작

상사 정○○

공군 사랑

공부시간에 항상 몰래 전투기 그림을 그리던 나

군에 입대할 시기가 되자 한 치의 망설임 없이 선택한 공군

사관생도는 아니었지만 한 번도 공군에 들어온 것에 후회가 없었다.

낭(랑)만과 열정이 동시에 공존하는 대한민국 선진 정예 공군 파이팅!

상사 한○○

공군 사랑

공허한 창공을 수호하는

군인의 한사람으로 태어난 그들

사명감과 정의감도 지니고 있지만

낭(랑)만과 사랑도 함께 지닌 그들은 진정한 대한민국 최고의 정예 공군이다.

하사 안○○

필승공군

필요하다고 생각한다면 포기하려는 마음을 버리고,

승리하고 싶다면 실패할 거란 마음을 버려라.

공연한 자만심을 가지고 있다면 우월의식 또한 버려라.

군이라는 곳은 바로 그러한 것들을 버리고, 그 버린 만큼을 채

워 나아가는 곳이다.

일병 박○○
필승공군
필요한 물건이 있으면 항상 부모님께 말하면 해결되었습니다.

승리의 영광 뒤엔 항상 보이지 않은 부모님의 보살핌과 관심, 응원이 있었습니다.

공부가 싫어 학교에 빠지면, 행여나 제가 피해를 볼까 봐 몰래 학교에 찾아와 선생님께 사과하던 부모님이었습니다.

군대에 와서 혼자가 되어서야 알게 되었습니다. 부모님의 소중함을, 그 한없는 사랑을.

2004. 7. 9.(금)
공군 뉴스레터 600회 기념 4행시 응모결과를 보고

제5화
무장대대 홈페이지 개설 축하

안녕하십니까? 대대장입니다. 무장대대원만의 사이버 공간 탄생을 축하합니다. 그동안 우리만의 공간을 만들기 위하여 수고한 박○○ 상병과 김○○ 일병의 노고에 대하여 치하하며 힘들게 제작한 대대 홈페이지를 많이 애용하여 더욱 화합하고 단결하는 대대가 되기를 기대합니다.

폭염과 혹한 속에서도 임무완수를 위하여 일선에서, 야전에서, 그리고 탄약고에서 수고하는 대대원 여러분, 여러분이 흘리는 땀방울 하나하나가 조국 수호에 밑거름이 된다는 사실을 알고, 아무리 작은 임무라도 반드시 완수하는 정예 무장전사가 되기를 바랍니다. 여러분의 임무가 얼마나 중요한가를 설명하겠습니다. 무장대대는 공군의 목적을 수행하는 대대입니다. 공군의 존재 목적은 전투기를 운영하여 하늘을 제압하는 것입니다. 여객기는 사람을 나르고 수송기는 화물을 나르듯이 전투기는 폭탄을 나르는 비행기입니다. 공군의 존재 이유가 전투기 운영이라면 전투기의 존재 이유는 각종 탄약을 목표에 옮기는 것이지요. 그 탄약을 포함한 각종 무기체계를 관리하는 분야가 바로 우리 무장전자정비 분야입니다.

항공기를 사람에 비유하자면 눈에 해당하는 화력 제어 계통, 귀와 입에 해당하는 통신 항법 계통, 코나 촉각에 해당하는 전자전(RWR) 계통, 팔에 해당하는 무장계통, 주먹에 해당하는 각종 폭탄과 미사일, 그리고 기억하고 판단할 수 있는 뇌에 해당하는 영상장치 계통과 컴퓨터 및 소프트웨어 등을 관리하는 누가 생각하더라도 중요한 부서입니다. 항공기는 아니지만, 효율적인 비행 훈련을 할 수 있는 시뮬레이터와 정밀 측정 장비 정비 분야도 있지요.

사람의 건강을 관리하는 사람이 의사인데 가장 분업이 많이 이루어진 게 사람의 얼굴 부분이지요. 신경과, 신경외과, 안과, 이비인후과, 치과 등등. 왜 그렇게 분화되었을까요? 그것은 그만큼 중요하고 치료가 어렵기 때문이겠지요. 마찬가지로 항공기를 정비하는 것도 그 많은 부서가 오랜 기간 전문지식을 습득하고 심혈을 기울여야 할 수 있는 일입니다. 여러분이 하는 일이 하찮게 여겨질 수도 있지만, 사실은 항공기를 운영하는 데에는 필수적인 아주 중요한 일입니다.

아무리 숙련된 전투 조종사라도 항공기의 각 계통과 무기체계가 원활히 작동하지 않는다면, 효과적인 공중전을 할 수는 없을 것입니다. 우리 공군의 목표이자 목적인 영공방위도 우리가 사랑하는 조국 대한민국과 그 국민의 안전도 요원한 일이겠지요.

우리가 하는 일의 중요성을 알겠지요? 자긍심을 가지십시오. 우리는 자부심을 가질 자격이 있습니다. 창군 이래 세워지고 다져진 무장대대의 빛나는 명예와 전통을 더욱 철석같이 다져서 저 예천 밤하늘에 무수히 빛나는 별처럼 영원히 반짝일 수 있도록 함께 노력합시다. 지난해에 보여준 무장전사의 투혼과 저력을 올해 2005년에도 보여줄 수 있기를 기대합니다.

2005. 2. 1.(화)
무장전자정비대대장 공군 소령 조자룡

제6화 약속

언젠가 약속이란
반드시 지켜야만 하는 것이라고,
사람의 생명과 관련이 없는 한
반드시 지켜야만 하는 것이라고,
약속을 지키는 것은 본인의 명예를 지키는 것이라고 말한 적이 있습니다.

그렇습니다.
본인의 명예를 지키기 위하여
반드시 지켜야 하는 것이 약속입니다.

반드시 지켜야 하는 약속,
결과적으로 지켰다고 생각될 정도로
지켜야 하는 것이 아니고
정확하게 지켜야 합니다.

언제
어디서
어떻게
무엇을 하자고 하였다면

그 무엇만 하는 것이 중요한 것이 아니고
정확한 시간과
정확한 장소와
정확한 방법까지 지켜야 하는 것이 약속입니다.

예전에 모셨던 상관 중 한 분은
약속 한 시간을 지키기 위하여
항상 5분 전에 도착한다고 말씀하셨습니다.
한 번은 너무 일찍 와서 약속장소 주변을 무려 30분이나 차를 타고 배회하였다고 합니다.
길거리에서 서 있을 수도
약속장소에 미리 갈 수도 없었기 때문입니다.

당시에 처장으로서
회식에서 임석 상관이었기 때문에
미리 도착하면 나중에 오는 부하들이 미안해할 것을 염려하여
약속장소에 먼저 갈 수 없었던 것입니다.

미리 갈 수도
늦게 갈 수도 없는 것이
상관의 입장이지요.
그분이 하신 말씀이 기억납니다.
30초 이상 약속을 어기는 사람과는 약속하지 말라!
30초 이상 틀리는 시계는 버려라!
요즘같이 과학이 발달한 세상에
정확한 시간을 알기 위해서 차고 다니는 시계가
30초 이상 틀린다면 시계가 아니다.

강력한 무장대대, 정예 무장전사 여러분!
여러분 모두
약속장소에 미리 나가 기다려 본 적도
또는 약속 한 시간보다 늦게 도착한 적도 있을 것입니다.
그리고 약속한 사람이 미리 와서 기다린 적도
늦게 와서 자신이 기다려 본 적도 있겠지요.
그때의 기분도 이미 느껴보았지요?

약속장소에서 약속한 사람이 약속 한 시간에 오지 않을 때
느꼈던 참담한 기분을 기억하실 겁니다.
늦으면 늦는다고 전화라도 할 것이지……
무시당한 것 같기도 하고
자신이 그 사람의 시종이라는 느낌도 들고

화가 나고 열을 받겠지만
조금만 진정하고 그때의 기분을 잘 음미하십시오.
역시 기분이 좋지 않지요?
그렇다면 아직 오지 않은 사람에게 고맙다고 말하십시오.
당신 때문에 약속 한 시간을 어겼을 때
기다리는 사람의 심정을 충분히 이해했노라고.
당신으로 하여 나는 이제 약속 한 시간을 절대로 어길 일이 없겠노라고.

그렇습니다.
우리가 지금까지도 많은 걸 배우고 깨달았지만
살다 보면 앞으로도 더 많은 걸 배우고 깨닫게 될 겁니다.
이제 약속을 지키지 않은 누군가 때문에 들었던 비참한 기분을
다른 사람한테는 돌려주지 마십시오,
절대로.
가슴이 넓은 사나이니까

다른 사람도 아닌 무장전사니까

2005. 5. 20.(금)
대대장 영상편지

제7화
운명 2

힘겹게 살아가는 오늘은
바로 어제 죽은 사람이 그렇게 갈망하던
내일이었습니다.

누구나 살아가는 것이 힘들지만
살 수 있는 시간이 정해져 있다는 것을 안다면
소중한 시간을 더욱 아껴 써야 할 것입니다.

비록 우리가 내일 죽지는 않을지 모르지만
천년이나 만년을 살 수 없다는 것은
누구나 알 수 있는 일입니다.

언젠가 죽는 날,
아무리 내일을 갈망해도
지나간 세월이 돌아올 리 없습니다.

삶이 비록 힘들다 하여도
죽어가는 사람의 안타까운 사연에 눈물만 지을 것이 아니라
오늘을 보람되게 살아야 할 것입니다.

더 많은 사람을 사랑하고
더 좋은 생각을 실천하고
아름다운 영혼을 세상에 남기는 거지요.

언젠가는 누구에게나 다가올 죽음의 운명을
너무 두려워할 필요는 없습니다.
운명의 순간이 점점 다가오더라도.

이미 알았던 사실 아니었습니까?
단지 몰랐던 것은
죽어야 할 해와 날짜와 시간이었을 뿐.

생물로 태어나 후손이라는 흔적을 남겼을 뿐 아니라
아름다운 영혼과 바른 정신을 남길 수 있다면

슬퍼하지 않아도 될 것입니다.

영원히 사람들의 가슴속에 살아 숨 쉴 것이기에.

2005. 6. 14.(화)
대대장 영상편지

제9화
갈등

세상을 태워버리려는 듯 내리쬐던 태양도 장마철의 구름만은 뚫을 수 없는 모양이어서 요 며칠간은 햇빛을 볼 수 없었습니다. 뜨거운 햇살이 사라진 대신 후덥지근한 대기는 지친 우리의 몸과 마음을 더욱 퍼지게 하는 것 같습니다.

아침부터 내리기 시작한 장대비는 그나마 세상의 묵은 때를 씻어내면서 한순간이나마 마음을 상쾌하게 하였습니다. 하지만 그건 찰나요 다시 가슴을 짓누르는 현실로 돌아오게 되지요. 사람들이 웃으면서 잘 사는 것처럼 보여도 누구나 자신만의 고민을 안고 살아가지요. 그리고 매 순간 갈등하게 됩니다. 대대장 영상편지 108번에서 누군가의 갈등을 연상하며 편지를 썼지만, 오늘 또 번뇌하는 누군가를 생각하면서 자판을 두드립니다.

사람은 다른 사람이 자신만의 고민이나 고통을 이해해 주고 위로해 주기를 바라지만, 사람이 타인을 이해하는 건 쉬운 일이 아닙니다. 사람이 모자라거나 마음이 악해서가 아니라 그가 처한 상황이나 환경을 알 수 없기 때문입니다. 말로는 이해한다고 하면서도 결코 이해할 수 없습니다. 쌍둥이로 태어나서 계속 같이 살아 왔을지라도 다른 형제의 고민이나 갈등을 완벽하게 이해할 수는 없습니다.

이해해 주지 않는 타인이 밉습니다. 누구나 생각해도 쉽게 이해할 수 있는 일이건만 이해해 주지 않는 타인이 밉습니다. 하지만, 이해 못 하는 것은 타인만이 아닙니다. 자신도 그 사람을 이해하지 못합니다. 입장이 뒤바뀌면 이해할 수 있을 것 같지만 뒤바뀐 입장 때문에 반대로 이해할 수 없습니다. 그 사람은 나쁜 사람이 아닙니다. 단지 사람이기에, 신이 아닌 보통 사람이기에 그런 것뿐입니다.

어렸을 적에는 먹을 것도 제대로 먹지 못하는데 많은 자식을 둔 부모님을 원망도 해 보았습니다. 부모님이 화를 내고 매질할 때 분노했던 자신이지만, 오늘날 자식을 남부럽지 않게 키울 자신이 없고, 가끔 화를 내는 나를 보고 아이들이 또한 원망할 것입니다. 분명히 이해했다고 생각하고 잘못을 뒤풀이하지 않는다고 다짐하였지만, 어느새 예전의 부모처럼 행동합니다.

안다고 해서 실천하기란 쉬운 일이 아닙니다. 또한, 상대방이 자신과 비슷한 생각을 할 것이라는 예상이 언제나 맞는 것도 아닙니다. 서로 고민하게 하고 갈등하게 만드는 요인입니다.

갈등은 국가 간에도 있고, 지역 간에도 있으며, 모든 개인에게도 있습니다. 가장 사랑한다는 아내나 자식마저도 예외는 아니지요. 아내나 자식도 자신을 이해해 주지 못하는 부분이 있는데 세상 사람들이 자신을 완벽히 이해해 주길 바란다면 지나친 욕심이겠지요.

사람을 미워하지 마십시오. 그도 똑같이 나를 미워하고 있을지 모릅니다. 과정이나 절차도 자신이 생각하는 것이 옳다고 생각하지만, 모든 사람이 같은 생각을 하는 것은 아닙니다. 정 미워하려거든 딱 하루만 미워하십시오. 자기 전에 소주 한 잔이나 담배 한 대, 또는 성찰과 반성으로 그를 용서하고 사랑하십시오.

무장대대에는 나쁜 사람도 악한 사람도 단 한 명도 없습니다. 다만, 생각이 조금 다르거나 상황을 이해하지 못해서 발생한 사소한 갈등일 뿐입니다. 어리석어 보이는 그도 비행단의 모든 사람이 부러워하는 최고최강의 무장대대 요원, 정예 무장전사입니다.

대대장은 항상 개인적인 고민으로 꿈속에서 헤매다가 무슨 일이 있어야 화들짝 놀라 현실로 돌아옵니다. 무지하고 무능해도 대대장이 집중하면 최소한 대대에서 발생하는 일은 해결할 수 있을 것입니다. 이해시키려다 긁어 부스럼을 만들었습니다. 화가 납니다. 거의 매일 다짐하지만 실천하지 못하는 의지가 밉습니다. 화를 내지 말자, 목소리를 높이지 말자, 상대가 있을 때 결코 노여워하거나 분노하지 말자. 하지만 늘 도로 아미타불입니다.

비록 오늘은 실패하였지만, 대대장은 다시 다짐합니다, 비록 내일 다시 실패하는 한이 있더라도. 화를 내지 말자, 목소리를 높이지 말자, 노여워하거나 분노하지 말자.

누구에겐가 마음의 상처를 입었을지도 모르는 대대원 모두 주말 동안에 누적된 심신의 피로를 풀면서 가슴속에 맺힌 앙금을 풀어 버리시길 바랍니다. 한산섬 달 밝은 밤에 어디선가 들려오는 피리 소리에 시름만 깊어간다는 이순신 장군의 고민과는 차원이 다르겠지만 깊어가는 밤 예천 비행장에서 무언가를 생각하느라 시간 가는 줄 몰랐습니다.

앞장서서 돌격하는 무장대대 파이팅!
가슴으로 통하는 무장전사 파이팅!

2005. 7. 1.(금)
대대 감독관 간 갈등 해소를 위한 노력에 대한 소회

제9화
위기의 계절

사람이 살아가면서 언제나 행복하고 즐거울 수는 없습니다. 좋은 일이 있다가 나쁜 일이 생기고, 즐거운 일이 있는가 하면 괴로운 일에 고통스러워하고, 기쁜 일이 있는가 하면 슬픈 일이 뒤 따르지요.

언제나 자기 자신을 채찍질하며 할 수 있다고 마음속으로 다짐하고 또 다짐하지만, 가다 보면 장애물도 나타나고 위험한 상황이나 난관이 도사릴 때가 있습니다. 쉽게 헤어나지 못할 상황이나 위기에 처하면, 자신도 모르게 가슴이 답답해져 오고 숨이 차며 잘 회전되지 않는 머리로 고민하고 번뇌하게 됩니다.

늘 최고최강을 지향하며 전진하는 무장전사에게도, 천상천하 유아독존을 되새기며 도전하는 대대장에게도, 위기의 시기가 있습니다. 위기의 계절이 있습니다. 지금도 대대장에게는 그러한 시기나 계절이 아닌가 생각합니다.

날씨는 무덥고 할 일은 산적해 있는데 한 가지 일을 마치기 전에 다른 할 일이 생기는 요즈음 몸도 마음도 물에 **빠진** 솜같이 무겁습니다. 하지만 지난 세월 힘들었던 난관을 극복하고 슬픔이나 아픔을 견뎌내고 오늘을 살아가고 있는 것처럼 그것이 비록 쉬운 일은 아닐지 모르지만 결국은 이기고 견딜 겁니다.

부사관, 장교후보생 시절 팔굽혀펴기 천 회나 두 시간 동안 깍지끼고 엎드려뻗쳐, 총 들고 네 시간 구보나 포복, 총 들고 팔 벌려 높이뛰기 오백 회도 해냈는데, 대학 다닐 때는 하루 한 끼 식사로 버티었는데…….

두려움 없이 전진하는 무장전사 여러분! 맑고 투명하며 아름다운 영혼을 간직한 무장전사 여러분! 열 번 잘하다가도 한 번 실수로 천 길 나락으로 떨어지는 것이 삶이요, 인생입니다. 목표가 눈앞에 있어도 누구나 다다르는 것은 아닙니다. 한 번 발을 헛디뎌 미끄러지면 돌이킬 수 없는 길을 갈 수도 있습니다. 젊은 날에는 반성하고 다시 출발할 수 있지만, 언제까지나 후회하고 반성하며 재출발한다고 목표에 이를 수 있는 것은 아닙니다.

주변에서 발생하는 모든 것을 그냥 지나쳐 버리지 말고, 어떠한 행위에 따라 나타나는 결과를 눈여겨보고, 해야 할 일과 해서는 안 되는 일을 분별할 수 있는 지혜를 키워야 하겠습니다. 세상 사람 모두가 스승입니다. 선인(善人)이나 악인(惡人)이나 범인(凡

人)이나 무언가 배울 점이 있는 것은 마찬가지입니다. 이것저것 할 일도 많고 고민도 많지만, 미리 생각하여 예방할 수 있는 것이 있다면 땅을 치고 후회하며 가슴 아파하지 말고, 주변 사람의 일을 타산지석으로 삼아야 하겠습니다.

거침없는 무장전사 파이팅!
천하제일 무장전사 파이팅!
승리하는 무장전사 파이팅!
성공하는 무장전사 파이팅!

2005. 8. 3.(수)
음주 대민마찰 사건 후 대대장 영상편지

제10화
갈채

    오늘도 변함없이 사랑하는 조국 대한민국의 안전보장을 위하여, 저 아름다운 조국 창공의 자유를 위하여 방독면을 쓰고, 화생방보호의 가방을 둘러메고, 전투 군장을 갖추고, 총을 들고 쉼 없이 임무완수에 여념이 없는 무장전사 여러분! 몸과 마음은 아직도 무더운 날씨와 방독면의 메케한 냄새에 찌들어 천근이 되고 만근이 되었지만, 언제나 그렇듯 어디선가 들려오는 낭보 한가락에 시름을 잊습니다.

    언제나 일당백을 자랑하는 우리 무장전사는 누구와 경쟁하여도 승리하고, 어떠한 난관이 닥쳐도 돌파하며, 수많은 고난과 역경을 극복할 수 있는 역량을 보유한 천하제일 용사가 틀림없습니다. 이미 지난 1년여 기간 동안 무수히 증명하였고, 자타가 공인

하였으며, 우리 스스로 마음속에도 최고최강이라는 자부심으로 꽉 차 있습니다.

그리고 다시 한번 확인하였습니다.『05년 공군 창작 전』에 ○○비에서도 다수의 작품을 출품하였지만, 그중 입선은 겨우 세 편에 불과하였습니다. 그중에서 두 편은 역시 예상했던 대로 맑은 영혼과 바른 정신을 소유한 무장전사, 다른 대대에 비교하여 탁월한 능력을 보유한 바로 우리 무장전사였습니다.

사나이는 나이로 말하지 않는다, 오직 실력과 열정으로 말할 뿐. 진정한 대표 무장전사 화력 제어 반장 윤○○ 준위, 뜨거운 가슴으로 지난 험난한 세월을 녹여왔던 윤 준위는 이미 여러 방면에서 능력을 인정받았고, 진정한 군인으로 동료 전우가 칭송하였지만, 이번에는 군인으로서가 아닌 개인 윤○○ 자격으로 다시 한번 세상을 놀라게 하였습니다.

아직 군 생활 적응도 덜 된듯하지만, 군인은 계급이나 생활한 기간이 아니라고 부르짖는 역시 화력 제어반 류○○ 일병, 머릿속에 든 지식은 세상을 교화할만하고, 가슴속에 품은 뜻은 그 끝을 모를 정도로 웅대한 류 일병은 군 생활은 자신에게 고난도 역경도 아니라고 말합니다. 단지 마땅히 해야 할 일을 위해 잠시 들렀을 뿐, 주어진 일을 마치면 대해로 나가 잠룡이 되리라고 자신합니다.

출품 전에 화력 제어 반장님의 작품설명과 함께 자세히 볼 수 있는 영광을 누렸지만, 불행하게도 대대장에게는 진품을 알아볼 수 없는 심미안이 없었기에 그냥 잘 쓴 글(서예)이라는 느낌밖에 받을 수 없었습니다. 그래서 '수고했다'라는 말밖에는 더할 말이 없었는데……. 대단한 사람들입니다, 무장대대 사람은. 개인의 발전이 조직 발전의 원동력이란 말은 하였지만, 개인이 그렇게 잘 할 수는 없을 것입니다. 훈련하느라 힘들고, 또 다른 이유로 힘든 나날이지만, 부쩍 힘이 납니다.

우울하고, 알 수 없는 비애가 전신을 휩싸다가도 대대원 이야기만 나오면 힘이 납니다. 그들이 누구입니까? 바로 무장전사, 천상천하 최고최강 무장전사 아닙니까? 부대 내에서도 부대 밖에서도 언제나 칭송받는 그들, 무장전사가 있는 한 좌절이나 절망은 없습니다. 그들이 지켜보고 있는 한 힘을 낼 수밖에 없습니다. 대대장은 영원히 ○○비 무장전사들을 기억하며 힘들 때나 고통스러울 때, 난관이나 고난, 역경을 이겨낼 것입니다.

비록 오늘은 찬란하게 빛나지 않더라도, 오늘은 구름에 가려 밝은 태양을 볼 수 없더라도, 또 다른 날 쾌청한 푸른 하늘을 볼 수 있을 것입니다. 쉬지 않고 전진하는 무장전사 여러분도 인생의 장도에서 장애물이 나타나든, 방해꾼이 나타나든 모두 여러분의 투명한 영혼과 빛나는 정신으로 포용하고, 여러분의 강인한 의지와 강력한 체력으로 돌파하여 찬란하게 빛나는 삶을 만들어 가시기를.

2005. 9. 14.(수)

제11화
전투 검열

전투 검열을 앞두고

안녕하십니까? 손가락을 놀리면 몸살이 나는 대대장입니다. 대지를 뜨겁게 달구던 태양도 힘에 부치는지 이제는 조석으로 이는 찬바람에 외투를 걸쳐야 할 정도로 완연한 가을이 되었습니다.

때는 바야흐로 하늘은 높고 말은 살찐다는 천고마비의 계절, 사람이 활동하기에 가장 좋은 가을입니다. 등산도 하고, 야유회도 가고, 운동도 하였으면 좋으련만, 세상은 우리를 그렇게 한가하게 놔두지 않습니다.

모두 힘드시죠? 아마 힘들 겁니다. 늘 느끼는 것이지만 살아가기란 정말 만만치 않습니다. 비행사고 및 지상사고 예방하랴, 무장, 탄약, 항공전자정비 지원하랴, 게다가 드디어 코앞으로 닥친 전투태세 검열에다 안전검열 준비까지, 정말 하루가 너무나 짧고 마음은 지치고 몸은 고단한 하루하루입니다.

하늘은 눈부시게 푸르고 이제 옷을 갈아입으려는 세상의 모든 수목이 조금씩 빛깔을 달리하고 있지만, 마음의 여유가 없는 우리는 한가하게 바라볼 수 있는 시간마저도 없는 것 같습니다. 고생 많습니다. 하지만 하지 않아도 되는 일이라면 몰라도 어차피 할 수밖에 없고, 해야 할 일이기에 우리는 해야 합니다.

학생이 학생다워야 하고 선생이 선생다워야 한다면 역시 군인은 군인다워야 합니다. 그래야 우리가 그토록 사랑하는 대한민국과 그 국민이 편안하게, 행복하게 살아갈 수 있지요. 그중에는 우리의 부모와 연인, 아내와 자식도 포함되어 있습니다. 군의 존재 목적이 전쟁에 대비하는 것이라면, 전쟁에 대비하여 우리가 준비한 내용과 전쟁을 치를 수 있는 정신자세와 행동절차가 준비되었는지 평가받는 것이 바로 전투 검열 수검입니다.

축구장에서 축구 잘하는 선수가 멋있듯이 군인은 가장 군인다워야 멋이 있지요. 무엇이 군인다운 것인지 잘 모르는 사람은 초등학교 2학년 때 국군 아저씨께 썼던 위문편지를 떠올리시길 바랍니다. 그때 연상했던 군인의 모습이 참다운 군인일 것입니다.

단장님부터 대대장, 부사관 병사에 이르기까지 우리 ○○비 전우 모두와 무장전사들은 지난 3개월간 많은 훈련과 준비를 해 왔습니다. 바로 다음 주에 있을 남부전투사령부 전투 검열을 위해서 말입니다. 하지만 아무리 많이 준비했어도 마무리가 부족하면 의미가 퇴색합니다. 축구경기 뒤에 늘 나오는 평가, 바로 고질적인 문전처리 미숙이지요. 불과 며칠 남은 전투 검열이 우리 비행단과 전우 모두를 평가한다는 것을 아십니까?

무더운 여름날 방독면을 쓰고 철야까지 기지방어를 한 힘들었던 훈련, 우리가 흘렸던 땀을 헛되이 하지 않도록 마무리를 잘해야 합니다. 마지막으로 타 기지 지적사항과 03년 우리 부대 지적사항도 점검하고 개인별로 부족하다고 여겨지는 전시 행동절차를 연습해서 멋진 결승 골로 장식합시다.

○○비를 사랑하고 무장대대를 사랑하는 전우 여러분! 여러분 모두가 ○○비 대표선수이자 무장대대 대표선수입니다. 90분간을 뛰어야 하는 축구선수도 숨이 차고, 가슴이 답답하고, 다리에 쥐가 나도록 뛰고 또 뜁니다. 대한민국의 대표선수이기에 대한민국의 명예를 위하여, 선수 개인의 명예를 위하여. 모두가 대표선수인 무장전사 여러분 모두 혼연일체가 되어 ○○비와 무장대대, 그리고 각 개인의 명예를 위해서 나아갑시다. 달려갑시다. 돌격합시다. 우리에게 장애물이란 존재하지 않습니다. 목표가 바로 눈앞에 있습니다.

돌격하는 무장전사 파이팅!
거침없는 무장전사 파이팅!
승리하는 무장전사 파이팅!

천하제일 무장전사 파이팅!
2005. 9. 22.(목)
대대장 영상편지

전투 검열을 마치고

　사랑하는 무장대대 장병 여러분! 언제나 마음만은 함께 하는 대대장입니다. 모두 힘드셨지요? 고생하셨습니다. 남들 다 사는 인생이 그렇게 힘들 듯이 군인이라면 누구나 해야 하는 훈련이나 검열도 예상외로 힘이 듭니다.

　전투 장구를 하고, 총을 들고, 화생방보호의 가방을 둘러메고 이동하는 것도, 방독면을 쓰고 소화도구나 제독 장비를 들고 대피하는 것도, 쉽지 않지요. 또한, 방독면을 쓰고 장시간 이동을 하였다가 복귀하였던 화생방 지역 오염에 따른 구역 대피나, 화생방 전기지 오염에 따른 영외 대피 훈련은 도보로 이동해야 하는 특성상 자신의 부실한 육체를 더욱 부각하기도 하였습니다.

　하지만 역시 하이라이트는 야간 기지방어였지요. 때때로 방독면을 쓰면서 야간에 홀로 어두운 숲속에서 오랜 시간 서 있는 것이 쉬운 일도 아닐 뿐만 아니라 사실은 남자라고 해도 속으로는 두려움도 생기게 마련이지요. 그렇지만 역시 추위의 고통보다는 덜 할 것입니다. 한낮에는 아직도 무덥기도 한 날씨지만 일몰 후에 나타나는 기온 급강하 현상은 인간의 연약한 몸으로는 감내하

기가 쉽지 않습니다.

2001년에 충주에서 2월에 전투 검열 예비 훈련을 하였는데, 그때 생각을 하면 참 기가 막힙니다. 2월이면 아직도 겨울인데 전날 밤부터 다음 날 아침까지 꼬박 12시간을 기지방어에 투입하더군요. 출동하는 우리 장병의 모습은 안타까움을 지나쳐 웃음이 나왔습니다. 지급된 모든 옷을 겹쳐 입고, 목도리에다 벙거지에다 장갑도 겹쳐 끼고, 내피와 야전상의 위에 우의까지 입고, 누가 보면 패잔병이나 거지의 모습이었지요. 하지만 야전에서 밤을 새운다는 사실에 외모에 관심을 가질 수가 없던 상황이었습니다.

다음날 돌아오는 장병의 모습을 보니(출동하지 않았던 사람들은 교대로 자체방어대 근무를 하였지만.) 저도 모르게 눈가에 이슬이 맺혔습니다. 온몸에 성에가 돋아 눈 맞은 사람처럼 하얗게 되어 돌아왔습니다. 정말로 전쟁터에서 용감하게 싸우고 돌아오는 전사의 모습으로 보였습니다. 실제로 추위와 싸워 이기고 돌아온 용사들이었지만.

지금이 9월이지만 못지않게 고생하였을 것으로 생각합니다. 높은 산이나 낮은 산이나 오르다 보면 힘이 든 것처럼 2월이나 9월의 차이를 실감할 수는 없지요. 두 번 모두 참여해 본 사람은 예외겠지만.

검열 전에 말하였듯이, 힘이 들고 고통스러운 일이지만 참을 수 있습니다. 누군가 해야 하는 일이고 지금은 우리가 해야 하는 일이기에. 얼마 후에는 후배나 동생이, 그리고 세월이 흐른 후에는 우리의 자식이나 후손이 또다시 시린 손을 호호 불며 지키겠지요. 사랑하는 조국 대한민국과 5천만의 자유와 사랑을.

힘들었던 몸과 마음을 주말을 통하여 말끔히 털어 버리고, 다음 주부터는 깊어가는 가을의 정취를 마음껏 느끼면서 전우와 몸을 부딪치면서 운동도 하고, 마음의 양식이 되는 독서도 하고, 아름다운 예천 밤하늘의 별도 헤아리면서 즐거운 나날을 보내시기 바랍니다.

2005. 9. 30.(금)
대대장 영상편지

제12화
보안경연대회를 마치고

　최강 무장은 영원하리라! 언제나 선두에 서서 질주하는 전사들이 있습니다. 이제는 누구나 인정할 수밖에 없는 사람들, 바로 천상천하 최고최강 천하제일 무장전사입니다.

　때로 다른 대대 사람으로부터 시기의 대상이 되기도 하고, 비행단 지휘관 참모로부터 질투의 눈초리가 따갑기도 하지만, 전혀 문제가 되지 않습니다. 잘해서 욕먹는 건 얼마라도 먹고 싶습니다. 사람이 노력도 하지 않고 칭찬받고 인정받기를 원한다면 과욕이겠지요.

　전반기에 비행단 보안 최우수부대로 선발된 것이 불과 엊그제, 또다시 대대의 보안팀은 사고를 쳤습니다. 아직 결과가 공식적으로 문서로 나오지 않아 섣부른 감은 있지만, 우리 대대의 보배,

포효(대대 웅변 대표)하는 무장전사 최강 무장대대의 보안관 강○○ 상사의 말에 따르면, 싹쓸이하였더군요.

언제나 사람을 놀라게 하는 재주가 있는 무장대대 사람들은 이번에도 모든 비행단 사람들을 놀라게 하였습니다. 표어, 포스터, 만화, 소프트웨어 중 세 부문에서 최우수를 거머쥐었답니다. 진심으로 자랑스러운 우리의 대표 무장전사들을 소개합니다.

작열하는 태양 아래에서 심혈을 기울여 결함을 예방하고 이제 불과 대대본부에 입성한 지 얼마 되지 않았지만, 이미 대대장의 핵심참모이자 대대의 중심이 되어버린 영원한 젊은 오빠 한○○ 준위, 이번에는 표어 최우수상을 거머쥐었습니다.
'암호 없는 공유 폴더, 열려있는 보물창고'

던지면 총알투요, 치면 대륙간탄도미사일이 되어버리는 최강의 무장대대 선발투수에다 4번 타자인 김○○ 병장, 체격만 더 컸으면 국가대표가 되었겠지만, 국가대표보다 더 명예로운 무장대대 대표선수, 이번에는 야구가 아닌 표어로 대대를 빛냈습니다.
'버려지는 보안의식, 무너지는 국토방위'

언제나 내 갈 길을 가련다. 나에게 주어진 임무는 여하한 상황에서도 이루어내겠다. 자신이 가야 할 길을 묵묵히 걸어가는 통신의 꿈 이○○ 상사, 언제 실력을 갈고닦았는지 신세대 실력자들이

득실거리는 포스터 부문에서 놀랍게도 최우수상을 획득하였습니다.

　열정에서도 능력에서도 의지에서도 목소리까지도 진정한 무장전사로 지칭되어 전혀 손색이 없는 천하제일 무장대대의 기린아, 서부의 총잡이보다 훨씬 좋은 총 솜씨를 가지고 있는 대대의 보안관, 포효하는 제일연사 강○○ 상사, 보안경연대회 총감독을 하면서도 직접 선수로 참가하여 전산 소프트웨어 부문 최우수로 명성을 드날렸습니다.

　오늘도 동원 감사 준비에 여념이 없는 대대원 여러분! 매일매일 힘든 일과가 우리를 지치게 하지만, 이어지는 무장전사의 선전에 피로를 느낄 틈이 없습니다. 오늘은 보안관계관과 입상한 무장전사로 큰 희열을 느꼈지만, 내일은 또 다른 일로 전우 여러분을 기쁘게 할 것을 기대합니다.

　빈틈없는 무장전사 파이팅!
　진격하는 무장전사 파이팅!

2005. 10. 26.(수)
대대장 영상편지

제13화
무장대대 골프대회

안녕하십니까? 주중에는 무장전사들과 생사고락을 함께하고, 주말에는 아름다운 예천의 산하를 둘러보며 대대 골프 동호회원과 늘 라운딩을 함께 하는 대대장입니다.

지난 주말 모처럼 대대의 모든 골프 동호회원과 함께 노랗게 물든 예천 비행장의 은행나무 가로수를 가로질러 감상하며 골프장에 가서 한마음으로 뭉칠 수 있었습니다.

사람이 살아가면서 좌절과 절망을 반복하면서도 힘을 내고 용기를 내어 살아갈 수 있는 것은 주위에 의지할 사람이 함께하기 때문입니다. 저에게도 그러한 소중한 사람이 있습니다. 바로 제 가족과 비행단 사람들, 특히 언제나 가진 능력을 백 퍼센트 발휘하는 아름다운 영혼과 굳건한 기백을 소유한 무장전사가 바로 그들입니다. 사람이 살아가면서 감동을 하기도 하지만, 그 기회는 그렇게 많지 않습니다. 누군가에게 감동을 주기 위해서는 많은 준비와 자기희생이 따르기 때문입니다. 대대에서 골프를 하는 사람은 불과 얼마 되지 않고 실력 면에서도 다른 대대를 압도할 정도는 아니지만, 그들이 골프를 사랑하는 마음과 타인을 배려하는 마음만은 누구보다 뛰어나다고 자부합니다.

모처럼 전대장님과 두 과장님을 모시고 하는 운동이지만, 사실 대대장이 마음의 여유가 없어 세심하게 준비하지 못한 것이 사실입니다. 하지만 막상 대회가 진행되는 동안 여러분의 세심한 배려에 깊은 감동과 희열을 느낄 수 있었습니다. 앞으로도 긴 세월을 살아갈 수 있는 에너지를 충전할 수 있었습니다.

사진 촬영과 시구에서부터, '무장대대 골프대회'라는 기념 로고가 새겨진 골프공을 받으면서, 골프경기 내내 상대방에 대한 배려와 칭찬과 격려에 이르기까지, 그리고 경기 후 가진 뒤풀이까지도 완벽했습니다.

지난 2년 동안 거의 매 주말을 전대 지휘관 참모와 함께 운동하였지만, 이번 대대 골프대회에서처럼 기분 좋게 운동하는 모습은 그렇게 자주 볼 수 있는 건 아니었습니다. 대대의 전 골프회원이 한마음 한뜻으로 준비하고 진행한 덕분이 아닌가 생각합니다. 대대장이 예천에 근무하게 됨을 자랑스럽게 생각하고, 행운이라고 생각하는 것이 무리가 아님을 모든 사람에게 보여주었습니다.

전대장이나 두 과장이 말씀하셨지만, 정말 무장대대는 인원수로나 그 구성원의 능력만으로는 해낼 수 없는 일을 해내는 단합된 힘을 부러워하였습니다. 다른 사람과 마찬가지로 살다 보니 제게도 시련과 고난이 앞을 가로막는 때도 있지만, 굴하지 않고 굳건하게 나아갈 수 있는 원동력입니다.

여러 사람이 위로의 말을 하였지만, 사실 그러한 말을 듣지 않았어도 대대장의 진급 누락으로 대대원의 가슴에 커다란 상처를 남겼다는 사실을 잘 알고 있으며, 여러분의 희망과 기대가 무엇인지도 알고 있습니다. 모두의 기대가 이루어질 수 있을지 알 수는 없으나, 기대가 이루어질 수 있도록 최선의 노력을 다할 것을 다짐합니다.

여러분 모두의 아낌없는 성원과 기도는 이미 대대장의 가슴에 깊이 아로새겨져 있으며 생명이 다하는 그 날까지 잊지 않고 여러분이나 또 다른 세상 사람들에게 전할 수 있도록, 그래서 우리 무장전자분야나 공군이 더욱 발전하고 우리가 가슴 아프게 사랑하는 조국 대한민국 국민이 모두 하나가 되어 세상에 대한민국이라는 넉 자가 영광과 명예로 빛나도록, 미력하나마 최선을 다할 것을 약속합니다.

대대 골프 동호인 여러분의 지속적인 기술 연마로 환상적인 드라이브와 정확한 아이언 샷, 정밀한 퍼팅을 구사하여 모두가 싱글이 되시기를 소망합니다.

2005. 10. 31.(월)

제14화
부친 부음을 접한 병사에게

○○야, 이런 청천벽력이 어디 있겠니?
호의호식 한 번 하지 못하고
자식들을 위하여 한평생 고생만 하시다가
이제 자식들이 장성하여 겨우 아버지를 알만한 나이가 되니
예고 없이 저세상으로 가시다니.

약식정복으로 갈아입고 붉게 충혈된 눈망울로
심야에 휴가 보고를 하는
아직도 천진난만한 ○○의 얼굴을 보니
대대장의 가슴도 천 갈래로 찢어졌다.

한 치 앞을 보지 못하고 생존을 위하여 몸부림치는
세상 사람들이 안타깝구나.

하늘이 무너지고 땅이 꺼지는 듯한 슬픔과 절망감이
아직 여린 ○○의 가슴을 짓누르겠지만,
힘을 내야 한다.

아버지란 커다란 방패가 사라진 지금
아직 아버지가 되지 못했지만, 가장이 되어 버린 ○○에게는
어머니와 동생이 있잖니?

비록 예고 없이 고인이 되셨지만
민호에게 흔들림 없이 똑바로 전진할 수 있도록
횃불이 되고 등불이 되어 ○○의 앞날을 지켜 주실 게다.
어딘지 알 수 없는 하늘나라에서.

늘 부드러운 미소로 주변 사람을 편안케 하던 ○○야,
삶이 아무리 힘들고 고통스러울지라도
결코, 그 미소를 잃지 말고 꿋꿋하게, 당당하게, 늠름하게
살아가기를 바란다.
천상천하 최고최강 무장전사답게.

피 끓는 전우애에 빛나는 전 무장전사와 함께
삼가 고인의 명복을 빌며,
아픈 사연은 가슴 깊숙이 묻고 의연하게 나아가는
튼튼한 사나이 ○○의 모습을 지켜보마.

2005. 12. 6.(화)
불의의 부친 부음을 접한 병사에게

제15화
최고최강의 대대

　최고최강의 대대, 언제 들어도 가슴이 울렁이는 대대, 그 이름은 '무장', 사나이의 이상과 열정과 사랑이 함께 하는 대대, 영원히 찬란하게 빛나리라, '무장'이라는 두 글자가.

　어머니의 뱃속에서 10개월 가까이 살다 나와서 그 향기와 온기와 호흡을 함께 하였기에 사나이의 영원한 마음의 고향이 어머니이듯이, 세상에 나와 처음으로 접한 대기와 물과 산과 하천과 하늘, 그리고 처음 본 나무와 새들과 온갖 동식물이 함께 하는 곳, 꿈에 그리는 고향을 생각하면 절로 마음이 설렙니다.

　힘든 훈련과정을 마치고 다이아몬드 계급장을 달고 처음 간 곳이 최고제일을 자랑하는 ○비 무장대대였기에 언제나 무장을 사랑하는 대대장입니다. 마치 마음의 고향 어머니와 내 고향 부여를 사랑하듯이.

　당시에는 대대장 서열로 무장대대가 항상 밀렸기에 항상 괄시받고 천대받으면서 가슴으로 울어야 했습니다. 서자도 아니고 데려온 자식도 아니건만 냉대받는 현실에 대하여 울분을 토한다고 해서 세상이 바뀌는 것은 아니었기에 항상 승리를 갈구하였습니다. 근무평정이나 포상에서는 밀려도, 직접 승부를 낼 수 있는 경기에서는 져서는 안 되었습니다. 다른 대대와의 경기에서 지면 전투 군장을 하고 주기장을 돌아야 했고, 벌로 폭탄주도 무진장 마셨습니다.

　서러움을 받던 시절은 어느덧 옛말이 되었습니다. 이제는 특기도 통합되고 괄시받고 천대받는 것은 아니지만, 그래도 이겨야 하는 이유는 존재합니다. 상관이나 선배가 얼차려를 주어서가 아닙니다. 더욱 치열해진 생존경쟁에서 살아남아야 한다는 사실을 알려 주기 위해서 동료와 단합하고 호흡을 함께 하였습니다.

　벌써 2년이 되어갑니다. 대대장으로 나오면서 긴장도 하고 걱정도 되었지만, 많은 기대도 있었던 것이 사실입니다. 살면서 배우고 느꼈던 것을 대대원에게 전하려고 나름대로 최선을 다하였습니다. 서두에 최고최강의 대대라고 표현하였지만, 정말 일말의 거짓 없이 최고최강의 대대가 확실합니다. 대대장으로 나오면서 목표했던 것이 최고최강의 대대 건설이었지만, 단지 추구해야 할 목표일 뿐 정말 최고최강의 대대가 될 것으로는 예상하지 못하였습니다.

멋진 사람입니다, 무장대대 사람들은. 자랑스럽습니다, 우리의 무장전사가. 누가 과찬이라고 하겠습니까? 언제 어디에서나 선두에서 질주하는 사람들, 그들은 낯이 익은 바로 우리의 무장전사였습니다. 작년에 이어서 또다시 비행단 최우수대대로 선정되었답니다. 많은 사람에게 질시와 음해를 받으면서도 해내는 사람들, 군가 경연대회 6연패는 이루지 못했지만, 최우수대대 6연패는 꼭 달성하기를 바랍니다. 다른 대대 사람에게 욕을 먹는 한이 있더라도.

여러분이 달성한 성과지만 다시 돌이켜보아도 믿겨 지지 않을 정도입니다. 오늘 또 희소식을 들었습니다. 매년 말 ○○비를 빛낸 인물을 선발하여 시상합니다. 모두 4명을 선발하지요. 거기에 당연하게 무장전사가 포함되었습니다. 그야말로 만능인 두 사람, 바로 최○○ 상사와 박○○ 병장입니다.

자랑스러운 무장전사 여러분! 긍지를 가지십시오. 여러분 모두 자부심을 가질 자격이 있습니다. 무장전사 모두가 혼연일체가 되어 일구어낸 땀의 대가, 그 열매는 달콤한 것입니다. 05년의 마지막 대미를 장식하는 비행단 최우수대대 선발, 무장전사들의 땀과 노력과 의지와 열정의 결과, 최우수대대로 선정되었습니다. 그 이름도 찬란한 '무장'이.

세상 누구에게 물어보아도 무장대대장이라면, 이러한 피 끓는 사나이의 집합체 무장대대장이라면 누가 자랑스러워하지 않겠습니까? 최우수대대 2연패에 빛나는 무장전사 여러분! 여러분이 쌓아놓은 빛나는 금자탑을 스스로 허물지 마십시오. 대대장이 여러 번 말했지만, 자신만 잘하면 됩니다. 충분히 여러분 자신의 눈으로 확인하지 않았습니까? 각 개인만 잘하면 항상 1등을 할 수 있습니다. 사랑하는 동료 부하를 믿으십시오.

대대장은 예천에서 2년 동안 있으면서 무려 다섯 차례나 헹가래를 경험하였습니다. 첫 번째는 04년 공중전투지원 평가대회 회식 자리에서, 두 번째는 04년 군수전대 체육대회에서 계급별 릴레이에서의 우승으로 극적인 종합우승을 차지하던 순간, 세 번째는 04년 비행단 체육대회에서 줄다리기를 우승하고 나서, 네 번째는 05년 군수전대 체육대회에서 종합우승 후, 다섯 번째는 05년 비행단 체육대회에서 줄다리기 우승 후, 헹가래를 당해보지 않은 사람은 알 수 없습니다, 그 기분을. 한 마디로 기분 대박입니다. 하늘을 붕붕 나는 기분이지요, 실제로도 나는 것이지만. 하지만 정말 기분이 최고로 좋았을 때는 그때가 아니었습니다.

기분이 황홀할 정도로 좋았던 순서를 말하자면,

첫째 04년 사병의 날 행사 줄다리기 결승을 이기고 난 후, 그 당시에 있었던 병사들도 믿기지 않았지만, 대대장도 믿어지지 않았습니다(※ 무장대대의 병사가 60여 명 정도인 데 반해 결승 상대인 헌병대대의 병사는 200명이 넘었고 키 큰 의장대를 뽑았기 때문에 체격에서 비교가 되지 않았다). 그것은 단순한 승리가 아니라 우리 병사들 전체의 의지와 열정과 그들이 가지고 있던 힘의 200% 300%가 넘는 승리였습니다. 대대장은 스스로 놀라 감격하고 환호하는 병사들과 이야기를 나누면 목이 메어 눈물이 날 것 같아 황급히 그 자리를 빠져나갔습니다. 그리고 그날 골프에서 최소타를 쳤지요.

둘째, 군가 경연대회 5연패를 달성하고 나서였습니다. 단장님께서 심사위원에게 세상에 5연패가 어딨냐는 농담까지 하셨지만, 결과는 우승이었습니다. 승리에 목말라하는 무장전사였기에 이루어낼 수 있었던 쾌거였지요.

셋째는 04년 비행단 최우수대대로 선정되었을 때였고,

넷째는 바로 오늘 05년 비행단 최우수대대로 선정되었다는 소식을 듣고서였습니다.

가장 감격스러웠던 2002년 월드컵 이후 최고, 최상의 순간을 여러 차례 대대장에게 안겨주었던 사람들, 바로 여러분, ○○비무장대대 장병 여러분입니다.

이제 대대장은 정들었던 이곳 예천비행단과 전우 여러분과 헤어져 저 멀리, 해가 지는 서산으로 떠나가겠습니다. 뜨거운 정을 나누었던 전우와 헤어진다는 것은 가슴 아픈 사실이지만, 우리가 만났을 때 이미 헤어질 것이 운명 지워졌듯이 다시 만날 날을 기약하며 무장전사와 함께했던 수많은 영광과 환희의 순간을 머리에 새기고, 가슴에 안고 떠나렵니다.

눈가에 이슬이 맺히지만, 그것은 눈물이 아닐 겁니다. 사나이는 울어서는 안 되는 것이기에, 티가 들어갔거나 눈병이 난 게지요. 대대장은 믿습니다, 무장전사들을. 그들은 세상의 온갖 험난한 고난이나 역경을 완벽하게 극복하고 정상에 다다를 것입니다. 슬프거나 힘들더라도 전진, 또 전진하십시오. 천천히, 그러나 당당하게, 늠름하게, 씩씩하게, 박력 있게, 무장전사 전우 여러분의 영원한 전진을 기원합니다.

전우 여러분! 자랑스럽습니다. 전우 여러분! 사랑합니다. 최고 최강의 대대, 언제 들어도 가슴이 울렁이는 대대, 그 이름은 '무장', 사나이의 이상과 열정과 사랑이 함께 하는 대대, 영원히 찬란히 빛나리라, '무장'이라는 두 글자가.

2005. 12. 22.(목)
대대장 영상편지.

제16화
감동적인 무장전사

 오늘도 찬바람 속에서 광활한 주기장에서, 야전에서, 탄약고에서 주어진 임무를 완수하기 위하여 매진하는 천하제일 무장전사 여러분! 대대장이 일일병영교육 소감문을 많이 응모하라고 하였지만, 이 정도일 줄은 몰랐습니다. 일부 중대 인원은 한 사람도 빠짐없이 응모하였더군요. 덕분에 리플 다느라 토요일과 일요일까지 사무실에 앉아 있어야 했습니다. 아직 다 달지도 못했지만.

 언제나 선두에서 돌격하는 사람들, 무장전사가 있어 대대장은 행복합니다. 한 가지 아쉬운 점은 당연히 최고의 응모 숫자를 기록했지만, 당선자는 1명밖에 없었습니다. ○○비에서는 많은 수의 당선자가 나왔더군요. 대대장이 응모하라고 해서 하는 것도 좋지만, 의무감에서 하는 것보다는 자신의 살아온 환경과 사연에 부합하는 일일병영교육 교안을 선정하여 자신의 경험과 심정을 토대로 자세하게 기술해야 선정될 수 있습니다. 분량도 최소 A4 3장 이상은 되어야겠지요. 2차 응모 기간이 2월 15일까지입니다. 2차에는 많은 수의 응모보다는 많은 수의 당선자가 나왔으면 좋겠습니다. 공군 전체에서 총 35명을 선정한다니까 우리 대대에서 20명 정도 당선되었으면 하는 바람입니다.

○○비에서는 총 2명의 당선자를 내었는데 그중 한 명으로 선정된 글쓰기가 특기라는 무장대대의 기린아 방○○ 병장의 글을 소개합니다.

사랑하라 한 번도 상처받지 않은 것처럼

얼마 전 인기리에 방영된 TV 드라마의 결말 부분에 나와서 더욱 세간의 눈길을 끌었던 이 시 구절은 시인 류시화가 엮은 시집에서 이미 그 존재가 드러났었다.

'알프레드 디 수자'라는 사람이 쓴 이 시의 한 구절이 드라마와 시집, 인터넷을 통해 위세를 떨치는 것은 다름 아닌 사랑이라는 평범하고 일상적인 것에서 듣는 이로 하여금 무언가 차가운 손으로 갑작스럽게 볼을 만지는 듯한, 깨달음과 새로운 시각을 부여한다는 데에 있다고들 한다.

이 구절처럼 잠재적으로 내 가슴속에 숨어있는 것을 일깨워주는 그런 것이 부대 생활 2년 차를 넘어가는 내게 거의 매일 같이 존재했었다. 그것은 바로 부대 오전 일과 시작 전 기지방송으로 흘러나오는 일일병영교육이었다. 덕분에 지금도 내 지갑 속에는 꼬깃꼬깃하고 손때 묻은 종이뭉치가 있다.

2004년도, 사회생활이라고는 거의 해 보지 못했던 온실 속의 화초가 서릿발 날리는 세상에 나와서 그 쓰린 맛을 보며 너무나 힘들고 고돼서 포기하고, 또 주저앉고 싶었던 바로 그 시절에 우연히 얻게 되었던 '용기'와 '인내'의 메시지가 담긴 종이뭉치이다.

방송으로 흘러나오기도 하고 부대 내 인터넷에서도 볼 수 있는 숱한 교육 중의 하나였지만 당시 내게는 너무도 큰 힘이 되어 주었던 이야기들을 모아놓은 것이다. 가장 큰 힘이 되어 주었던 이야기로는 다루기가 까다로워 잡고 나면 몇 시간 이내에 모두 폐사하는 물고기에 관한 이야기였는데, 대서양에서 잡은 이 물고기를 영국까지 싱싱하게 산 채로 가져올 방법을 다루고 있었다. 그 방법이란 게 다름 아닌 잡힌 물고기의 천적을 몇 마리 정도 같은 수조에 넣어 가지고 오는 방법이었는데 그로 인해 몇 시간만 지나면 폐사하던 물고기는 그 천적을 피해 다니느라 싱싱한 상태로 목적지까지 가지고 올 수 있었다는 내용이었다.

주위의 따끔한 충고나 비판 없이 좁은 울타리 안에서 지내기만 하였기에 입대 후 주위 사람과 동료로부터 질책 아닌 질책을 받으면서, 또 그로 인하여 약간의 싫은 소리, 잔소리라도 듣게 되면 의기소침해지고 짜증스러웠던 나로서는 이 이야기가 상당한 힘이 되고 발걸음이 가벼워짐을 느꼈다.

일상생활에서 얻는 약간의 자극과 긴장이 물고기를 신선하게 운반하는 데 도움이 되었듯이 나의 군 생활에서 얻는 이러한 질책과 비난도 나를 좀 더 생기있고 적극적인 삶으로 유도하는, 일종의 시너지효과를 얻을 수 있게 하는 긍정적인 요소라고 생각하도록 지대한 영향을 준 셈이다.

그 이야기가 실린 인터넷 페이지를 한 부 인쇄해서 틈날 때마다 기억하고 또 읽으면서 정신적으로는 연약한 화초와도 같았던, 힘들었던 일·이병 시기를 잘 넘기는 데 도움이 되었다고 생각한다. 그 밖에도 평소 다른 교육 내용보다 내가 좋아하고 특히 귀 기울여 들었던 것으로는 부모님에 관한 내용이 나올 때였다.

군에 입대 전에는 그저 집에서 먹을 것 차려주고 청소, 빨래, 설거지만 하는 소위 가정부 정도로, 부끄럽게도 나도 모르는 사이에 어머니를 그렇게 대하고 또 그렇게 행동했을지도 모른다. 또한, 간혹 돈이나 주고 필요한 것 사 주기만 하는 그런 편의 제공자로서, 내가 하는 일에 잔소리와 훼방을 놓는 사람으로서 아버지를 적대시하고 반항하기만 했을지도 모른다.

군에 입대하자마자 부모님에 대한 죄송함과 그리움으로 입대 전보다는 많이 달라졌었지만, 부모님에 대한 사랑 이야기가 방송을 타고 들려올 때마다 가슴이 저며옴을 느꼈다. 그랬기에, 개그맨 이홍렬 씨의 어머니가 군 복무 중인 이홍렬 씨에게 보냈던 그리움의 편지내용이 나왔을 때나, 형제들과 고향 집에 방문하게 되면 다른 형제보다 용돈도 변변치 못하게 드릴 수밖에 없었던 어려웠던 시절, 오히려 더 두툼한 돈 봉투를 억지로 자식에게 쥐여 주었던 한 아버지의 사랑 이야기를 접했을 때는 지난날 부모님께 아무렇게나 대하고 아무렇게나 행동했던 자신이 그렇게나 밉고 혐오스러울 수 없었다.

예전에 휴가를 나갔을 때 일이다. 어머니는 길가는 군인만 보더라도 내 생각에 괜히 눈물이 나더라는 말씀을 하셨다. 부대 복귀 후 며칠이 지나지 않아 소설가 이순원 씨가 쓴 '길 위에서 아들을 만났을 때'가 교육 내용으로 나왔었는데, 그 내용인즉 그와 그의 아내가 길 가던 군인을 보고 아들 생각에 눈물지었다던 내용에 나도 모르게 엊그제 어머니가 하셨던 말이 떠올라 왈칵 눈물이 났던 적도 있었다.

하루아침 10분이 인생을 결정한다는 내용을 담은 책을 읽은 적이 있다. 그리고 나는 그 말을 지지한다. 왜냐하면, 부대에서 지내며 아침나절 짧은 시간 동안의 일일병영교육 방송을 들으며 온실 속 화초에서 제법 우거진 거목으로, 어리광쟁이 사춘기적 심상만을 갖고 불효해왔던 자식에서 아들 겸 딸 노릇까지도 하며 부끄럽지 않은 24살 청년의 모습으로 성장할 수 있었기 때문이다.

마치 귀에다 대고 계속 누군가가 속삭이듯이, 나는 그렇게 변해왔다. 내게 올바른 길로 방향을 틀어 주는데, 공헌한 이 일일 '인성'교육은 곧 제대함과 동시에 만날 수 없을 것이다. 그렇기에 조금은 불안한 아침나절을 보내게 될지도 모르겠지만, 앞으로도 계속 자신에 대하여 성찰하고, 또 그에 대하여 교정해 나가는 것을 멈추지는 않을 것이다. 그것이 바로 일일병영교육을 보고 들으며 느끼고 깨달은 진짜 인생의 해답일 것이기에.

감동적이지요? 사람이 감동하는 것은 글을 잘 써서가 아닙니다. 글 속에 진실이 있고 진정성이 있기 때문입니다. 누구나 각 개인의 인생에서 주인공인 모든 사람이 나름대로 아픔과 고통을 느끼며 매일매일 무언가를 깨달으며 살아가고 있습니다. 우리가 살아가는 이야기를 진솔하게 말할 때 비슷한 사연을 가진 사람은 목이 메는 사람도 있을 것이고, 마음이 울렁이는 사람도 있을 것이며, 서럽거나 가슴이 아픈 사람도 있을 것입니다. 마음이 움직이는 것이지요.

영공방위의 최일선, 공군 내 가장 어렵고 많은 임무를 수행하는 서산기지에서도 가장 힘든 무장임무를 지원하는 튼튼한 남자인 400명 무장전사 모두가 동료의 사연이나 일일병영교육, 또는 독서를 통하여 따스한 정서를 함양하는 용사이기를 기대합니다.

몸도 마음도 영혼도 푸르른 방○○ 병장 파이팅!
언제나 앞장서 독서 하는 무장전사 파이팅!

2006. 2. 13.(월)
일일병영교육 소감문 작성 독려 메일

제17화
영원한 해병

늘 고마우신 조자룡 무장대대장님께

언제나 싱그러운 웃음과 긍정적인 사고로 공군무장의 미래를 개척하시는 조자룡 무장대대장님 안녕하십니까? ○○창으로 전속 온 소○○ 사무관입니다.

보직을 받고 인사를 올리려고 했는데 벌써 3월이 되었습니다. 저는 조직진단이 끝난 후에 보직이 확정될 것 같습니다. 힘찬 기백과 웃음의 여유가 있는 조자룡 무짱 대대장님, 오늘도 사이렌 소리가 ○○비의 힘찬 맥박 소리를 알려주는데 전투 검열 준비는 잘 되어가고 있습니까?

이제 다음 주면 경칩도 지나고 들녘에는 힘찬 트랙터 소리가 울려 퍼질 것입니다. 부임하자마자 전투 검열 준비를 하시느라 바쁘시더라도 잠시 짬을 내시어 마음속의 고향을 살찌우면서 꽃향기 그윽한 서산의 봄을 가슴에 담아 보시기 바랍니다. 서산 하늘에 무장대대의 우렁찬 함성이 힘차게 울려 퍼지기를 기원합니다. 안녕히 계십시오.

2006. 3. 2.
  ○○창에서 사무관 소○○ 올림

〈 답 글 〉

언제나 씩씩하고 당당하신 사무관님, 한 번 무장은 영원한 무장을 주장하는 저지만, 한 번 해병은 영원한 해병이며 해병은 죽지 않는다는 신념 하나로 언제나 어디서나 앞장서 돌격하는 사내 중의 사내, 진정한 대한 남아 소○○ 님, 반갑습니다.

저는 개인적으로 아름다운 여자보다는 당당하고 늠름한 남자, 싸우면 반드시 이기는 의지의 사나이, 가슴 속에 뜨거운 열정을 가진 남자, 결코 좌절하지도 포기하지도 않는 남아, 하지만 세상과 사람을 사랑하는 가슴이 뜨거운 군인, 동료의 고통이나 슬픔으로 눈물 흘릴 줄 아는 의리의 사나이를 좋아합니다.

적지 않은 연배에 군에서 별로 인정받지도 못하는 신분인 군무원이지만, 늘 당당하게 길을 걷는 임의 모습이 아름답습니다. 변화와 혁신을 외치지만 변하면 안 되는 것도 있습니다. 바로 조국에 대한 사랑과 사나이 삶의 목표와, 함께한 사람과의 강렬한 의리 등이지요. 그리고 변화와 혁신은 다른 사람한테 강조할 필요가 없는 것입니다. 변화와 혁신의 주체는 바로 자신이며, 세상을 바라보는 시각을 달리하면 세상은 달라집니다. 세상이 변한 것이 아니고 세상을 바라보는 생각의 틀이 바뀐 것입니다.

한 개인의 역량은 미흡하고 대수롭지 않을 수도 있으나 제 개인적으로는 세상을 바꿀 수 있다고 생각합니다. 세상 사람 모두 손가락질하고 비웃을지라도, 열 번 찍어 안 넘어가는 나무가 없다는 속담처럼 매일같이 자신을 채찍질하고, 자식에 대한 부모의 마음처럼 주변의 모든 사람을 사랑하고 믿고 의지한다면, 언젠가는 그도 알게 될 것입니다. 그 자신이 얼마나 중요한 사람인지, 그 자신이 얼마나 소중한 존재인지 알게 되면 그도 실천하겠지요. 더 나은 세상을 만들기 위하여 자신이 해야 할 일이 무엇인지를 깨닫고 매일 자식에게 훈계하듯이 주변 사람에게 관심을 가지고 배려하고 칭찬하겠지요. 조국 대한민국을 사랑하는 모든 사람의 꿈인 세계 일류국가, 일등국민이 되는 지름길입니다.

누구나 어떤 계기가 있어 무언가를 깨닫게 되지만, 무장대대장이 행복한 남자 조자룡은 2002년 월드컵이 있었기에 지금의 사상과 철학으로 무장할 수 있었습니다.

초등학교 때 바른 생활 교과서에서, 그리고 많은 위인전과 역사 서적에서, 조국을 사랑하고 헌신할 충분한 이유는 알 수 있었으나 유구한 역사 속에서 한 번도 세계를 놀라게 하거나 주도적으로 세상을 변화시키지 못한 조국 대한민국과 조상이 그렇게 자랑스럽지도 존경스럽지도 않았습니다. 그래서 사명감과 개인적인 자존심으로 조국에 헌신하겠다는 생각은 있었지만, 그 열정이 강렬한 것은 아니었습니다.

하지만 2002년 월드컵을 보면서 제 생각이 완전히 잘못된 것임을 깊이 깨달았습니다. 월드컵 16강이나 1승 달성, 4강 진출 이 중요한 것이 아니었습니다. 대한민국 전 국민이, 그야말로 남녀노소 지역 구분 없이 모두가 하나가 될 수 있다는 사실을 알았습니다. 역사에서 빛날 수 없었던 것은 위대한 지도자가 없어서이지 결코 그 국민의 능력이나 열정이 부족해서가 아니라는 것을 알게 되었습니다. 그 사실을 알게 된 것이 눈물이 나도록 감격스러웠습니다. 이제 그들을 위해서 해야 할 일이 무엇인가도 그들을 위해 헌신해야 한다는 것도 분명히 알게 되었습니다.

체구는 크지만 끈질기지 못하고 생각이 짧고 즉흥적이기도 하며 고통과 슬픔을 잘 견뎌내지 못하는 신세대는 나이 든 사람이 볼 때 못 미더운 것이 사실이지만, 그 인내력이 강하고 신중하게 판단하고 실행하는 과거의 선배조차 이루지 못한 것을 이루는 것을 보고 알게 되었습니다. 나약한 신체와 정신을 가진 그들이지만, 분명히 우리보다 나은 장점이 있다는 사실을. 여러 장점을 갖춘 후배들이 그들의 단점을 잘 발췌하고 보완하면 사랑하는 조국 대한민국의 미래는 저 떠오르는 태양처럼 찬란할 것이라고. 그래서 행동과 말과 글로써 틈나는 대로 그들과 대화하고 함께 하려고 노력합니다. 그들과 친해져야 제 사상과 철학을 전할 수 있다는 간절한 마음으로.

간단히 쓰려던 답장이 쓸데없이 길어졌습니다. 늠름한 남자 소○○ 사무관님처럼, '한 번 해병은 영원한 해병'을 외치는 임처럼, 무슨 일이 있어도 무장대대를 찬란하게 빛나는 대대로, 그 소속원을 천상천하 최강의 전사로, 발전시키고 양성할 것입니다.

○○창에서도 ○○비 항공전자정비대대에서 보여주었던 진정한 사나이의 모습을 아낌없이 보여주시고, 늘 즐겁고 행복하시기를 기원합니다.

2006. 3. 2.(목)
자칭 열혈남아 공군 소령 조자룡 드림

제18화
태극기 휘날리며

오늘도 전투 검열과 안전검열 준비, 공사 졸업식 및 임관식 축하 행사의 일부인 smoke 준비에 여념이 없는 대대원 여러분, 대대를 가장 사랑하는 사람 중의 한 명이라고 자부하는 대대장 공군 소령 조자룡입니다.

모처럼 TV에 빠져 새벽까지 시청하였습니다. 자정 무렵에 시작한 개봉 당시 최다 관람객 기록을 수립했던 용감했던 형제의 무용담을 그린 한국 영화,'태극기 휘날리며'는 한 번 시청을 시작하자 도저히 자리를 뜰 수 없을 정도로 마음을 흔들었습니다. 첫 장면인 전몰장병 유해 발굴의 모습에서 경험하지 못하였지만 참혹했던 동족상잔의 비극이 눈앞에 아른거렸으며, 온통 굵은 주름살로 뒤덮인 초로의 노신사 기억 속으로 나도 모르게 깊이 빠져들었

습니다.

　가난했지만 행복하던 두 형제, 구두닦이였지만 미래의 제화점 사장을 꿈꾸며, 가장 사랑하는 언어장애 어머니와 공부 잘하는 동생을 위하여 "구두 딱~"을 외치던 청년 장동건은 그러나 어쩔 수 없는 운명으로 전쟁터에 뛰어들어야 했습니다.

　그는 조국을 지키려는 사명감도 없었고, 온 국민의 생명과 재산을 보호하려는 군인정신도 없었습니다. 단지 사랑하는 어머니, 말 못 하는 어머니가 가장 사랑하는 자식, 동생 원빈을 살려야겠다는 순박한 마음을 가진 청년이었습니다.

　늘 생각하는 바지만 전쟁은 비극입니다. 불문곡직하고 단지 전쟁터에서 살아남고자 발버둥 치는 사람들, 그들은 전장의 영웅이 아니었습니다. 단지 사랑하는 부모님과 처자식을 다시 만나고 싶어 하는 보통 사람, 소시민이었습니다.

　하지만 다른 사람 한 명이 있었지요. 영화의 주인공 장동건은 비록 적을 미워하거나 사상적으로 민주주의를 지켜야 한다는 사명감은 없었지만, 똑똑한 동생 원빈을 무사히 제대시키려면 자신이 태극무공훈장을 받아야 한다는 말에 장렬하게 전사하기 위하여 필사적으로 죽기 위해 노력하였습니다. 필사적으로 전사하기 위하여 노력하였지만 정작 죽지는 못하고 동료에게 전쟁영웅으로 부각 되었지요. 태극무공훈장을 받기 위하여 시작된 장렬한 전사를 위한 노력은 안타까운 사연을 가진 동료가 하나둘 전사할 때

적에 대한 증오로 바뀌어 정말 용감한 전사로 탈바꿈하였습니다.

태극무공훈장을 타기 위하여 장렬하게 전사하려고 노력하는 형의 마음을 알게 된 동생은, 그러나 자신의 인생은 자신이 알아서 한다며 형에게 죽기 위한 노력도, 적에 대한 비인간적인 대우도 맹렬하게 비난하며 사이가 멀어지게 되지요. 특히 사로잡은 적군 중에서 발견한 동생의 친구를 중공군의 개입으로 후퇴하던 중 사살하는 장면을 목격한 동생은 결정적으로 형을 증오하게 됩니다.

결국, 필사적인 노력으로 태극무공훈장을 받게 되지만 반발하는 동생을 제대시키는 데 실패하였고, 나중에 동생을 데리고 부대를 떠나려다 검문하는 헌병에게 동생이 체포되어 영창에 가게 되고, 후퇴하는 부대장의 지시로 영창에 있는 포로와 죄수들을 태워 죽이게 되는데, 뒤늦게 현장으로 달려간 형은 동생에게 선물한 만년필을 보게 되어 동생이 죽은 것으로 오해하여 국군을 증오하게 되고, 마침내 빨치산이 되어 용맹했던 국군이 최고의 빨치산 전사가 되어 모든 국군을 두려움에 떨게 합니다.

국군은 형을 전향시키기 위하여 생존한 동생에게 투항권유 방송을 하게 하지만, 이미 정신적으로 미쳐버린 형은 살아 있는 동생을 부정하게 되고, 이어지는 국군의 총공격에 동생은 미쳐버렸지만 어쩔 수 없이 사랑하는 형을 살리기 위하여 육박전을 벌이는 빨치산과 국군에 대하여 처절하게 투쟁합니다.

형을 죽이려는 국군도, 자신을 죽이려는 빨치산도 모두 적이었습니다. 그렇게 아귀같이 서로 죽이는 그들은 모두 우리의 동포였습니다. 하지만 형제도 동포도 의미가 없었고 오직 살기 위한 투쟁만이 있었을 뿐이었습니다.

폭탄이 폭발하는 충격으로 제정신으로 돌아온 형이었지만, 이제는 부상한 몸이 문제였습니다. 결국, 혼자서 돌아가는 동생의 안전을 위하여 조금 전까지 생사고락을 함께하던 빨치산을 향하여 엄호사격을 하게 되고, 영화의 초반부터 줄곧 노리던 장렬한 전사를 하게 되지요. 물론 그 사실을 동생은 알 수 없었지만.

이제 초로의 노신사가 된 원빈은 50년간이나 오직 자신을 위하여 용맹한 국군으로, 그리고 붉은 전사로, 다시 빨치산의 적으로 싸우던 형의 유흔을 찾기 위해 백방으로 노력하였지만, 형의 흔적을 찾을 수는 없었습니다.

과거에 늘 보아 왔던 반공 영화와는 달리 사상을 강조하지 않은 삶에 대한 단순한 투쟁을 그린 전쟁영화였지만, 가슴 속 깊이 끓어오르는 분노를 억제할 수 없었습니다. 순박한 서민들의 고통스러운 피난 장면이나, 전우의 전사와 부상에 분노하였다고는 하나 알고 지내던 동생을 사살하는 장면이나, 두 형제뿐만 아니라 처절하게 투쟁하는 빨치산도 국군도 모두 한민족, 한 동포, 형제인데…….

누가 그들을 처절한 살육의 현장으로 가도록 했습니까? 왜 그들이 가장 소중한 대상으로 여겨야 하는 사람을 증오하며 잔인하게 죽이도록 하였습니까? 그래서 강해져야 합니다. 전쟁은 승패에 무관하게 인간이 견디기에는 너무나 가혹하기에 미리 막아야 합니다. 우리가 강하면 어떤 가상의 적도 감히 도발하지 못할 것입니다. 자신이 당해야 할 피해도 엄청날 것이기에…….

우리 무장전사가 존재하는 이유는 바로 저 참혹한 전쟁의 비극을 사전에 방지하기 위해서이며, 만약에 전쟁이 일어난다면 가장 신속하고 정확하게 적의 핵심부를 강타하여 전쟁 의지를 조기에 말살, 피해를 최소화하면서 전쟁에서 승리하기 위해서입니다.

한국공군 최강의 전력을 자랑하는 우리 비행단에서도 직접 항공기를 무장시키는 우리의 무장전사가 중요한 이유입니다. 국가적으로도 강력한 국방력을 바탕으로 평화를 유지해야 하지만, 개인적으로도 더욱 강한 체력과 정신력을 연마하고 배양하여 아무도 도전할 수 없는 강한 남자, 무장전사가 되기를 바랍니다.

2006. 3. 7.(화)
대대원에게 보낸 영화감상 평

제19화
지킨다는 것

때아닌 강풍에 한겨울 같은 추위를 느끼며 기지방어 훈련에 여념이 없는 자랑스러운 병사 여러분! 고생이 많습니다. 우리가 세상살이에 자신은 있지만, 막상 직접 자신이 무언가를 하려 들면 나름대로 애환과 고통을 느끼며, 모든 사람이 할 수 있는 일이라고 하여도 그 일을 하는 게 쉽지 않다는 것을 깨닫게 됩니다.

그렇습니다. 우리의 아버지나 형이 거쳐 갔던 길이며, 모든 대한민국 남자가 반드시 해야 하는 일이고, 그들 모두가 견디어 냈던 일이건만 직접 해 보니 모든 게 만만치 않습니다. 기본군사훈련도, 기지방어훈련이나 전투 검열 준비도.

누군가를 보살핀다거나 지킨다는 것, 그것은 결코 쉬운 일이 아닙니다. 현재 기지방어를 하는 장병 여러분이 강풍의 꽃샘추위와 어둠의 두려움 속에서 홀로 경계하는 것은 바로 2002년 월드컵 응원 당시 신세대 여러분이 목이 터지도록 외쳤던 사랑하는 조국 대한민국을 지키고 보호하는 일입니다.

남자의 운명으로 현재는 조국을 수호하기 위하여 절치부심하고 있지만, 여러분이 머지않아 갖게 될 가정을 지키는 것도 그렇게 쉬운 일이지만은 않습니다. 길지 않은 군 생활도 거친 성격의 상관이나 도무지 정이 가지 않는 동료 전우, 업무파악도 못 하고 시킨 일도 해내지 못하는 후임 병사와 혹한이나 폭염을 견디며 일선이나 야전에서 임무를 수행하는 것도 수월한 일은 결코 아니지만, 가정을 이루고 취업을 해서 도무지 통할 데가 없는 꽉 막힌 상급자나, 자기 자신만을 위하는 이기적인 동료, 호시탐탐 자리를 노리는 후배 사이에서 자신의 능력을 인정받아 상하 동료의 신뢰와 사랑을 받으며 당당하게 사는 것도, 부모에 대한 극진한 효도와 아내에 대한 지속적인 사랑과 배려, 자식에 대한 무한한 사랑과 헌신 봉사로 가족에게 사랑받고 존경받으며 살아가기도 쉽지 않은 일입니다.

하지만 쉽지 않은 일이라고 하여 조국을 수호하는 일이나 가정을 지키는 일을 중단할 수는 없습니다. 그것을 포기한다는 것은 자신이 사랑하는 전부를 포기한다는 것이며, 초등학교 때부터 배워왔던 바른 생활이나 국민윤리를 저버리는 행위입니다. 우리가 배우는 것은 알기 위해서만이 아니고 깨달은 바를 실천하기 위해서입니다.

강풍에 몸이 흔들리고, 두려움에 머리끝이 쭈뼛 서더라도, 늘 남자의 자부심을 말하였던 것을 상기하여 버티고 견디어 내십시오. 여러분 인생에 펼쳐질 수많은 난관과 역경을 인내하고 극복할 역량이 쌓여갈 것입니다.

군 생활 동안 단련한 튼튼한 체력과 강력한 군인정신으로 등장하는 장애물이나 위기를 가볍게 돌파하고, 세상 사람 모두를 사랑하고 포용할 수 있는 가슴이 넓고 뜨거운 사람으로 살아가시기를.

2006. 3. 28.(화)
기지방어훈련을 하는 비행단 병사들에게

제20화
황사 바람

하늘이 온통 누렇습니다. 먼 중국의 고비사막에서 날아오른 먼지가 머나먼 여행 끝에 우리의 아름다운 금수강산을 가리는 것이라 합니다. 만물이 소생하고 생동하는 아름다운 계절인 봄을 황사가 온통 누렇게 물들여 우리의 시야를 가리는 것처럼 과거 수십 년간 누려온 무장의 전통과 영광, 그것들이 흔들리고 있습니다. 대대장은 믿어 왔습니다. 그리고 현재도 믿습니다. 그러나 그렇게 굳건한 것은 아닙니다.

살아가는 것이 힘들다는 사실은 과거나 현재에 살았던 모든 사람이 느끼는 것이 사실이지만, 그러나 사람이 마음을 합한다면 이루지 못할 것은 별로 없으며, 호랑이에게 물려가도 정신만 바로 한다면 죽지 않고 살아남을 수 있다는 속담을 우리는 알고 있습니다.

　잘못을 저지르면 처벌이 당연시되는 현실이고 또한 잘못에 따른 처벌이 효과가 있는 것도 사실입니다. 그러나 대대장은 규제하고 속박하고 처벌로써 다른 사람에게 징계하는 것보다도 스스로 깨닫고 본인의 의지로 욕망의 굴레에서 벗어나는 것이 더 큰 효과가 있다고 믿어 왔습니다. 최소한 대대장의 경우에는 그렇습니다.

　저는 누구에게 통제받고 지시받고 질책을 받거나 욕을 먹는 것을 죽기보다 싫어합니다. 한마디로 자존심이 상하는 것이지요. 내세울 것이 한 가지도 없어 보이는 사람이지만, 그래도 그것이 솔직한 제 심정입니다. 그래서 비록 존경하는 상관이라 하더라도 어떤 이유에서건 욕을 먹는다면 마음이 상합니다. 그것이 어쩔 수 없는 실수였다거나 최악의 상황 또는 타인의 잘못으로 기인하였다면 그래도 참고 견딜 수 있습니다. 하지만 명백히 본인의 무지나 잘못된 판단, 그리고 대대원의 잘못으로 밝혀지면 결코 견디기가 쉽지 않습니다. 스스로에 대한 자책은 아무리 해도 풀리지 않습니다.

　사랑하는 무장전사 여러분! 실수와 잘못은 같은 것이 아닙니다. 엄청난 차이가 있습니다. 실수는 자신이 모르는 사이에 발생할 수 있지만, 잘하고자 하였으나 의도한 대로 결과가 나오지 않을 수도 있지만, 잘못은 본인이 확실히 알면서도 본인의 의지가 약하거나 설마 하는 요행을 바라는 마음에서 저지르는 행위입니다다.

실수나 실패는 용서할 수 있지만, 잘못은 용서할 수 없습니다. 용서나 관용이 달콤한 것은 사실이지만 결국은 그 달콤한 맛에 빠져 누구에게나 소중한 인생을 망쳐버릴 수 있기 때문입니다. 삼국지에서 나오는 저 유명한 '읍참마속'은 제갈량이 가장 사랑하던 수제자인 마속의 잘못으로 중요한 가정 전투에서 패함으로써 국가에 커다란 손실을 입혔기 때문에 울면서 마속을 벤 장면의 고사성어입니다. 사랑한다는 것과 처벌하는 것은 전혀 관계가 없다는 것을 뜻하겠지요.

누구나 하는 것처럼, 잘못이 있는 사람은 처벌하고 기록하고 감시하고 규제하는 것은 쉬운 일입니다. 하지만 이미 모두 성장해버려 새로운 깨달음이 쉽지 않은 성인에게 처벌은 단순히 행위에 따른 결과가 될 뿐이라고 생각합니다. 반성하고 되풀이하지 않는 것이 아니라 자신의 행위에 대한 모든 책임을 치렀다고 생각할 수도 있지요.

그래서 조금은 힘이 들고 많은 시간이 필요하지만, 각 개인의 인생을 흐리게 하지 않으면서도 사고와 행동을 바꿀 방법은 사랑과 관심과 배려, 그리고 희생이라고 생각했습니다. 오랜 세월 끝에 깨닫지만, 부모님의 사랑을 영원히 잊지 못하는 것처럼 말입니다. 지금 당장은 아니겠지만 얼마 후에, 언젠가는 그들도 그렇게 생각하고 실천하기를 바라면서 말입니다.

하지만 무장대대는 큰 대대입니다. 전 공군에서도 가장 인원이 많은 대대입니다. 각 개인에게 사건 사고는 불과 한 건이겠지만, 대대로서는 400건에 달하는 것입니다.

황사가 시야를 가리는 것처럼, 대대장의 마음도 뿌옇게 흐려졌습니다. 확신도 판단도 잘 서지 않습니다. 어떻게 살아갈 것인가? 어떤 방법이 궁극적으로 가장 올바른 방향으로 가면서 개인의 목적을 성취할 수 있도록 유도하는 길인가?

알 수 없습니다. 그리고 서글픔이 밀물같이 밀려옵니다. 목표를 상실한 것 같기도 하고, 꿈을 잃어버린 것 같기도 합니다. 가슴 한쪽이 빈 것 같기도 하고, 두뇌가 하얗게 변하는 것 같기도 합니다. 누구의 위로나 동정도 필요 없습니다. 자신의 인생은 자신이 결정하는 것, 무장대대에서 발생한 모든 일은 대대장에게 책임이 있겠지요.

만약 오늘이 삶의 마지막 날이라면 울면서 후회하며 삶을 마감하겠지만, 오늘이 끝이 아닙니다. 가능성과 기회는 무한합니다. 불철주야 힘든 임무를 거의 완벽하게 수행해 내는 자랑스러운 무장전사 여러분! 사랑하는 무장전사 여러분! 안 됩니다. 절대로 안 됩니다. 단장님께서 해야 할 일은 반드시 하되 올바르고 깨끗하게 하고 하지 말아야 할 일은 절대로 해서는 안 된다고 말씀하셔서가 아니고, 한 번밖에 없는 각 개인의 삶, 그것이 얼룩져서는 안 되기에, 나중에 죽으면서 후회하는 삶을 살아서는 안 되기에, 해서는 안 되는 일을 하면 안 됩니다.

남자가 울지 말아야 한다는 것은 슬플 때나 고통스러울 때 눈물짓지 않아야 한다는 의미가 아닙니다. 슬프거나 고통스러운 상황을 만들지 말아야 한다는 것입니다. 눈물 흘리며 괴로워한다고 하여 상황이 호전되거나 원래 상태로 돌아갈 수는 없지 않습니까?

현재는 마음이 흔들리고 괴롭고 고통스러운 시간을 보내고 있지만, 이미 판단하고 결심하였기에, 제 갈 길을 갈 겁니다. 제가 원하는 방법대로 살아갈 것입니다. 세상 사람들이 뭐라고 하든, 비웃더라도, 최소한 대대장처럼 살면 안 된다는 것을 깨닫기라도 하겠지요. '저렇게 바보같이 살지 말자'라는.

전통에 빛나는 최강의 무장전사 여러분! 명예에 빛나는 최고의 무장전사 여러분! 힘을 냅시다. 다시 시작합시다. 힘들더라도 한 발짝 한 발짝 나아갑시다. 대대장은 무장대대가 잘되어야 대한민국이 잘 된다고 믿습니다. 천상천하 최고최강의 무장전사가 대한민국 국민 마음의 밀알이 되고 희망과 성공으로의 불씨가 되어 온 국민에게 삶의 에너지를, 열정을 심어줄 수 있다고 믿습니다.

여러분이 잘되는 것이 가족을 살리는 길입니다. 조국을 빛내는 길입니다. 과거가 고통으로 점철되었던 아픈 시절이었다면 누구나가 부러워하는 멋진 삶도 살아봐야 하지 않겠습니까? 자신과 가족을 위하여, 사랑하는 조국 대한민국을 위하여, 다시 한번 달려봅시다. 영원히 빛날 무장의 영광을 위하여!

울지 않는 무장전사 파이팅!

후회 않는 무장전사 파이팅!
거침없는 무장전사 파이팅!
전진하는 무장전사 파이팅!

뭉쳐! 뭉쳐! 하나로!(서산 무장대대 구호)

2006. 4. 17.(월)
대대원 안전사고 후 대대원에게

제21화
진급 결과를 보고

안녕하십니까? 할 일 없으면 자판 두드리는 것이 취미인 대대장입니다. 그리고 무장대대를 가장 사랑하고 있으며 대대원으로부터 한결같은 사랑을 받을 것이라 믿는 좋은 말로는 순박하고, 나쁜 말로는 좀 모자란 사람이지요. 남자는 지조가 있어야 하고 의리가 있어야 하며 한결같은 사람이어야 한다고 생각하는, 남자이면서도 남자임을 주장하는 어처구니없는 사람이기도 합니다.

지난 5월 30일은 금년 들어 제게 있어 가장 행복했던 날이었습니다. 항공기는 최신예이고 최강의 전력을 자랑하지만, 그곳에 사는 사람이 정말 최고최강이고 정예 전사인지는 사실 조금 미심쩍어했던 것이 사실이지요. 하지만 그것이 기우라는 것을 강력한 우리의 대표 축구 전사들이 입증하였습니다. 그래서 기분이 좋았고 행복하였습니다. IMF 때에는 박세리의 골프 우승이나 박찬호의 승리에 감격했으며, 박찬호가 패한 날에는 종일 기분이 나빠서 일을 제대로 하지 못하였지요. 정말 어처구니없는 사람이지요?

그렇지 않습니다. 만약에 여러분 중에 ○○비가 참모총장배 축구대회에서 우승 하였다는 소식을 듣고 행복하지 않았다면, 그것은 ○○비를 열렬하게 사랑하지 않는다고 하는 반증입니다. 여러분, 사람은 사랑해야 합니다. 사랑하면 시인이 된다는 말이 있지요. 평소에 느끼지 못하는 감정의 발로 때문에 상상할 수도 없는 미사여구가 자연스럽게 나오기 마련이지요. 사람이 살아가는 데는 사람이 가장 중요합니다. 다른 많은 사람이 내 도움을 애타게 기다리듯 살다 보면 나도 다른 사람의 도움이 필요할 때가 있게 마련이지요. 사랑하는 사람은 다른 사람을 도울 수 있으며, 사랑하는 사람은 다른 사람에게 도움받을 수 있습니다.

여러분, 조자룡이 사랑하는 천상천하 최고최강 무장전사 여러분! 사람을 사랑하십시오. 자기 자신을, 주변 사람을. 자기 자신을 사랑하지 않고 소중하게 여기지 않는 사람은 다른 사람을 사랑할 수 없고 소중하게 여기지 않습니다. 여러분은 모두 자신의 인생에서 주인공입니다. 영화나 드라마에서 주인공이 멋있게 살 듯이 자신의 인생에서 주인공인 무장전사 모두가 멋지게 살아가야 합니다.

5월 30일에는 전율적인 환희와 감동으로 행복하였으나, 하루 전인 5월 29일에는 가슴이 아팠습니다. 누구나 성공하기를 갈망하고 멋지게 살기를 원하지만, 가장 그렇게 살기를 원하는 조자룡이 애절하게 사랑하는 무장전사는 그렇지 않았습니다. 최소한 5월 29일에는 말이지요.

대대 병력이 400여 명, 그중 대부분을 차지하는 부사관의 진급발표가 있었습니다. 최소한 10%는 진급할 것으로 믿었습니다. 그래 봐야 10년에 한 계급 진급한다는 결론입니다. 그런데 170여 부사관 중 진급자는 겨우 13명뿐이었지요. 이런 식으로 도대체 몇 년을 기다려야 진급이 된다는 말입니까? 여러분은 가슴이 아프지 않았습니까? 모두가 아파야 합니다. 가슴이 찢어지도록, 살갗이 터지고 뼈가 으스러지도록.

진급에서 낙마한 사람은 본인의 노력이나 준비, 또는 능력이 부족한 데 대하여, 진급한 사람은 사랑하는 동료 전우의 아파하는 모습에 대하여, 상급자는 후배의 고통스러울 마음을 생각하며, 후배들은 머지않아 겪어야 하는 자신의 미래를 생각하며 함께 울어야 합니다. 마음으로.

여러분이 무능하다는 게 아니라 자꾸 전에 근무하던 비행단과 비교가 됩니다. 부사관 수가 불과 60여 명에 불과한 ○○비 무장대대에서는 무려 10명이나 진급을 하였습니다. 산술적으로는 6년마다 진급할 수 있다는 이야기지요. 그 사람들도 처음부터 그랬던 것은 아닙니다. 뼈를 깎는 고통을 느끼고 다시는 그러한 고통을 느끼지 않으려고 절치부심한 것이지요.

사랑하는 무장전사 여러분! 자신을 사랑하라고 하였습니다. 자신의 인생을 사랑하라고 하였습니다. 무언가 준비하는 과정에서는 난관이 따르게 마련이지만 그 열매는 달콤한 법입니다. 자기 자신을 사랑하고 자기 인생을 사랑한다면 자기 자신에게 좀 더 많이 투자하십시오. 여러 번 강조하였지만 정말 대대장은 이해할 수 없습니다. 진급 대상 기수가 포상점수가 모자라고, 제안이 없고, 자격증이 없다는 사실을. 다른 사람 이야기가 아닙니다. 딴 나라 이야기가 아닙니다. 바로 세상에서 가장 중요한 자기 일입니다.

사람들은 네 잎 클로버를 좋아합니다. 네 잎 클로버의 꽃말이 '행운'이라나요? 네 잎 클로버를 좋아하는 것이 아니라 행운을 좋아하는 것이겠지요. 만약 정말 그런 생각을 가졌다면 그런 생각일랑 지금 즉시 버리십시오. 세상에 행운이란 없습니다. 세상에 그냥 얻을 수 있는 것은 아무것도 없습니다. 무엇이든 땀과 노력을 투자해야 얻을 수 있습니다. 네 잎 클로버를 찾을 것이 아니라 널려 있는 세 잎 클로버를 감상하십시오. 세 잎 클로버의 꽃말은 '행복'입니다.

여러분은 행복해지기 위해서 행운을 찾지 않습니까? 자신의 의지나 노력으로 성취한 성공은 행복해질 수 있지만, 어쩌다 얻은 행운으로는 행복해질 수 없습니다. 복권에 당첨되면 가족이 풍비박산 나고, 영원히 사랑을 맹세한 부부가 헤어지고, 친한 친구가 원수가 되는 것, 이런 것이 행복일 수 있겠습니까?

늘 함께 울고 웃었던 전우와 가족, 자신이 가장 사랑한다고 생각했던 사람과도 멀어질 수 있는 것이 사람들이 말하는 행운을 얻었을 때 생기는 일입니다. 그런 걸 바랄 사람은 아마 없겠지요? 설마 돈을 위하여 아내나 자식이나 전우까지 팔아버릴 사람은 없겠지요.

자기 자신을 사랑하고 자신에게 주어진 인생을 사랑하며 가족과 전우를 사랑하는, 천상천하 최고최강 폭탄을 사랑하는 무장전사 여러분! 준비하십시오. 가슴이 아프다고 슬퍼하거나 울고 있을 시간이 없습니다. 대대장도 잘살고 싶고, 잘 살기 위해서 나름대로 노력하고 있지만, 폭염과 혹한과 싸우면서 사랑하는 조국 대한민국을 수호하고 있는 가슴이 뜨거운 사나이 무장전사 모두가 잘 살기를 진심으로 바랍니다. 그래서 준비하라는 것입니다.

3년 후 진급 대상 기수라고 하여 허송세월할 수는 없습니다. 열심히 준비하고 노력해도 훌륭한 사람이 되는 것이 아니라 간신히 보통 사람으로 살아갈 수 있는 것이 현실입니다. 지금부터 즉시 준비하십시오. 할 수 있는 것부터, 혼자서 할 수 있는 것부터 준비하십시오. 제안은 쉽지 않지만, 포상점수나 자격증은 얼마든지 혼자서 할 수 있습니다. 연말에 있을 근무평정에서 대대장은 금 년에 점수를 많이 올린 사람 위주로 평정하겠습니다.

자기 자신을 사랑하지도 않고, 자신의 인생을 소중하게 생각하지도 않으며, 발전의 의지나 노력이 없는 사람을 선임이라고 하여 상위 점수를 부여하지는 않겠습니다. 자격증 점수가 차지 않은 사람이 금 년에 자격증을 획득하지 못한다면 결코 좋은 점수를 주지 않을 계획입니다.

사랑하는 무장전사 여러분! 사랑은 눈물의 씨앗이라는 노랫말이 있지만, 설령 눈물의 씨앗을 잉태할지언정 영원히 사랑할 무장전사 여러분! 사랑하기 때문에 가슴 아프지만, 대대장은 개인적인 일로도 가슴 아픈 일이 많은 사람입니다. 가슴이 조금만 아프도록 여러분 각 개인의 인생을 좀 더 아름답게 채색하십시오. 대대장도 더 많은 아이디어와 노력을 제공할 것을 약속합니다. 내년에는 최소 20명 이상이 진급하여 축구에서뿐만 아니라 진급에서도 ㅇㅇ비가 최고최강이라는 것을 증명하십시오.

오늘도 가슴앓이로 잠 못 이룰 가슴이 아픈 무장전사 여러분! 한번 실수를 되풀이하여서는 안 됩니다. 그 아픔을 반드시 기억하여 앞으로 살아갈 인생에서는 절대로 되풀이하지 않도록 최선을 다하는 멋진 남자가 됩시다.

2006. 6. 1.(목)
부사관 진급발표 후 전 대대원에게

제3부 가족

이혼이란
힌 남자에게는
단지 아내를 잃는 것이지만
자식들은
자식 수 만큼의 어머니를 잃는 것이다.

- 조자룡 -

제1화
엄마

엄마, 어머니
그 이름만 들어도 가슴이 벅차오르고
두 눈이 뜨거워지는 영혼의 고향

책을 읽다가
시골 장터에서 장사하는 아주머니를 보다가
자식 뒷바라지에 날 새는 줄 모르는 아내를 바라보다가
느닷없이 생각나는 그 이름
어머니, 엄마, 엄니

삶을 주셨고

삶을 유지하게 하셨던 어느 순간 전부였던 어머니건만
급격한 노쇠로
살아갈 날 얼마 되지 않을 어머니건만
찾아보지도 전화도 하지 않는
이런 자식도 고마운 자식이라고
늘 기도하시고 사랑하실 어머니, 엄마

내가 이렇듯
내 자식들도 엄마를 사랑한다고 생각하면서
저희끼리 잘살아가리라

2009. 10. 9.(금)

제2화
어머님께

어머님, 안녕하십니까?
어머님이 사랑하는 아들 중 하나인 셋째입니다.
저희 자식들이 말로 표현을 잘하지는 못하지만
모두 어머님을 정말 사랑한다고 생각합니다.
젊어서 제가 힘들어서 자살을 생각할 때가 몇 번 있었습니다.

자살하려고 하니 지나온 인생이 주마등처럼 떠올랐습니다.
이 세상에 별 볼 일 없는 놈이니
나 하나 죽는 것은 별로 안타깝지 않았습니다.
그렇지만 어머니의 영상이 떠오르자
주체할 수 없이 눈물이 흐르더군요.

내 기억에 한 번도 쌀밥을 먹어보지 못한 어머니,
늘 꽁보리밥이나 눌은밥과
먹다 남은 음식 찌꺼기가 어머니 몫이었지요.
새벽에 일어나셔서 밥해놓고 품앗이 나가셨다가
밤 9시가 넘어서야 돌아오시던 어머니,
그제야 설거지하고 밀린 빨래하고
늘 12시가 넘어서야 잠이 드시던 어머니,
손발이 소 엉덩이의 똥 딱지 같이 갈라지시고 트신 어머니,
농한기인 겨울에는 칡을 팔려고 머리에 이고
삼십 리, 사십 리 장에 가시던 어머니,
버스 차비 120원 아끼려고 걸어 다니신 어머니,
그런 어머니가 생각났습니다.
그래서 아픈 가슴을 부여잡고
날마다 숙소에서 엉엉 울면서도 죽지는 못했습니다.
지금 생각해 보니 잘 생각했다는 생각이 듭니다.
정말 부모님에게 가장 큰 불효는 먼저 죽는 것이지요.
하나밖에 없던 누나가 경제적인 문제로 자살했을 때,
몇 달을 눈물로 밤을 지새우는 어머니를 목격했습니다.

그런 어머님 생각에 살아남은 저지만
지금도 생각과는 달리 별로 효도도 못 하고 살고 있습니다.
죄송합니다, 어머니.

종교라는 것은 말로 설명하기 힘들지만
어머님을 사랑한다고 따르기에는 어려운 부분이 있습니다.
가장 중요한 차이점은
어머님이 젊으셔서 기독교를 믿지 않으셨을 때처럼
어머님은 믿지만 저는 믿지 않는다는 것입니다.

하지만 종교가 다르더라도
제게 가장 중요한 어머님임이 틀림없습니다.
종교가 다르다고 편견을 갖지 마시고
모든 형제에게 똑같은 사랑을 나누어주시기 바랍니다.

젊어 서나 늙은 현재에도
아버님은 어머님께 짐처럼 느껴질 수도 있지만
생각해 보면 또 서로 의지하고 사신 부분도 있을 것입니다.
이제는 늙으셔서 젊은 날처럼 즐거운 일은 적으시겠지만
그래도 서로 아껴 주시고 사랑해 주셨으면 좋겠습니다.
아버님, 어머님이 늙으셔서도 서로 아끼는 모습은
저희 자식들에게 좋은 본보기가 될 것입니다.
저희도 늙어서까지 좋은 부부로 살아야 하지 않겠습니까?

어머님께서 글을 읽지 못하실 때는
편지를 쓰고 싶어도 못 썼는데

이제라도 편지를 쓸 수 있어서 정말 좋습니다.

사랑하는 어머님,
건강하시고요, 많이 행복하세요.
올해 어버이날에는 온종일 즐겁게 지내시기를 바랍니다.

2003. 4. 28.(월)
어버이날을 맞아 어머니께 드린 글

제3화
예연이에게

아빠가 사랑하는 우리 예쁜 막내딸 예연아, 생일 축하한다. 주먹만 한 얼굴에 가냘픈 몸으로 태어난 것이 엊그제 같은데 벌써 글을 읽을 줄 아는 어린이로 성장하여 아빠가 편지를 쓸 수가 있구나.

아빠를 가장 사랑한다는 예연이의 말을 아빠가 전부 믿는 것은 아니지만, 그 말을 듣는 순간 아빠는 많이, 많이 행복하단다. 얼굴도 예쁘고, 애교도 넘치고, 마음씨도 착한 우리 예쁜 딸 예연아, 어떨 때는 엄마가 맛있는 음식을 해주지 않아서 슬프고, 어떨 때는 아빠가 갖고 싶은 장난감을 사 주지 않아 마음이 아프겠지만, 모두가 예연이를 사랑하고 더 잘 살 수 있도록 하기 위함이란다. 지금은 이해가 잘되지 않겠지만 나중에는 알게 될 거야.

아빠가 늘 말하지만 엄마 말 잘 듣는 사람이 착한 사람이란다. 엄마가 하라고 하는 학습지도 잘하고, 심부름 잘하고, 언니나 오빠와 사이좋게 놀고. 언니나 오빠가 가끔은 혜연이를 짜증 나게 하기도 하겠지만, 마음속으로는 엄마나 아빠 못지않게 예연이를 사랑한단다. 교회 갈 때나 놀러 갈 때 꼭 너를 챙기잖니? 앞으로도 언니랑 오빠랑 사이좋게 지내고 언제까지나 서로 사랑하고 도와주면서 살기 바래.

예연이는 긴 글 읽는 걸 싫어하니까 이만 줄일게. 예쁜 딸 예연아, 건강하고 튼튼하게 자라다오. 그것이 엄마랑 아빠의 가장 큰 소원이란다. 생일 축하해!

2005. 4. 22.(금)
아마도 남자 중 예연이를 가장 사랑할 아빠가

제4화
아내에게

사랑하는 아내 선미 씨, 당신의 유일한 남자이기를 바라고, 유일한 남자임을 믿어 의심치 않는 순진한 남자, 당신의 반쪽이오.

꽃다운 나이가 어느덧 불혹을 넘기고 나나 당신이나 머리숱이 적어지는 것을 보니 함께한 세월이 무던한가 보오. 결혼 전 주말마다 손잡고 들로 산으로 거닐던 시절이 그립고 남의 시선을 의식하지 않고 당당하게 여관을 드나들던 기억도 새롭소.

20대 때 마흔 살의 내가 어떤 모습일지 궁금한 적이 있었는데 겉모습은 기대치에 미치지 못하지만, 그런대로 만족할 만한 삶을 살아가고 있는 것 같소. 이렇게 멀쩡한 정신으로 안정된 생활을 할 수 있었던 것은 오로지 사랑하는 아내 당신의 덕분이오. 주변에 도와주는 사람도 없이 세 명의 아이를 홀로 돌보면서도 건전한 정신과 건강한 몸과 남다르게 뛰어난 재능을 발휘하는 아이로 성장시킨 것을 보니, 자식을 위해 몸과 마음 전부를 희생하신 어머님 생각이 나오.

정말 아이에게 어머니란 존재는 신과 같은 것이어서 그 누구라도 아이에게 어머니를 빼앗을 권한은 없다고 생각하오. 새벽부터 밤늦게까지 가사에 농사일까지 허리가 부러지고 손이 터지도록 일하시던 어머님 생각을 하면 지금도 가슴이 아리오. 그에 못지않게 새벽부터 밤늦게까지 시간대가 틀린 식사 일일이 챙겨주고 행여나 남에게 뒤질세라 닦아주고 빨래하고, 아이 학업 감독을 위하여 이미 끝난 것으로 생각했던 공부까지 다시 해야 하는 고단한 생활을 마다하지 않는 것을 보니 역시 여자는 아니 어머니는 위대하다는 사실을 다시금 깨닫게 되오.

여자보다 아내가 아름답다는 광고 문구가 있지만 정말 세상에서 가장 아름다운 것은 내 아내, 당신이라 생각하오. 그 누구도 줄 수 없는 사랑과 헌신을 오직 내게 쏟아붓는 당신에게 줄 수 있는 것은 그다지 없다는 것이 가끔 가슴을 아프게 하지만 나도 줄 수 있는 것을 연구하고 찾아서 최대한 당신에게 봉사하고 헌신하리라 다짐하오.

가족 중에 믿고 의지할 사람 한 명 없을 뿐만 아니라 오히려 다소라도 도움을 주어야 할 처지기에 형제에게는 면목이 서지만 당신에게는 언제나 미안한 마음뿐이오. 더욱이 많이 늙으셔서 거동조차 불편하신 부모님을 모셔야 하는 처지기에 더더구나 할 말이 없소. 여러모로 고된 삶이지만, 주어진 운명이라는 마음으로 달게 받아들이고 더 좋은 앞날이 있을 것을 굳게 믿으며 즐겁고 행복하게 살아갑시다.

젊어서는 국가와 민족을 짊어지겠다는 거창한 꿈이 없던 것은 아니었으나 솔직히 현재는 당신과 아이들이 건강하게 지내고 일주일에 한 번씩이라도 삼겹살을 먹을 수 있다는 사실이 행복하오. 작은 기쁨을 큰 행복으로 여기며 살아갑시다. 마흔넷 생일을 진심으로 축하하오. 사랑합니다. 진심으로.

2011. 4. 8.
당신의 탄생기념일 이틀 전야에
어떠한 일이라도 무조건 당신을 지지하는 남자.

제5화
예연이 생일 축하

사랑하는 막내딸 예연아, 12번째 생일을 진심으로 축하해. 위로 이미 둘이나 있는 데도 엄마가 아이가 생겼다고 해서 순간적으로 깜짝 놀랐지만, 신이 주신 선물이라고 생각하고 낳아서 열심히 훌륭하게 키우자고 다짐했단다.

처음 태어났을 때 세상의 어떤 아이보다 예쁘게 생겨서 엄마랑 아빠랑 무척 좋아했던 생각이 난다. 아주 조그맣던 아기가 벌써 다 커서 자아를 찾아 헤매는 청소년이 되었다니 한편으로는 무척이나 기쁘지만 다른 한편으로는 엄마랑 아빠가 늙어간다는 생각을 지울 수가 없구나.

건강하고 씩씩하고 다재다능한 예연이는 엄마랑 아빠가 걱정하지 않아도 세상을 잘 살아가리라 믿어. 그래도 엄마가 너무 힘들어하니까 사춘기는 얼른 보내버리고 예전처럼 다정다감한 막내 딸이 되렴. 어른이 되어서 시작하면 늦은 것이 많으니까 지금부터 잘하는 것은 더욱 잘할 수 있도록 노력하고 모자란 것은 조금씩 채워가길 바란다.

편지가 길면 읽기 힘들다 하니 한 페이지로 요약할게. 엄마랑 아빠랑 할아버지랑 할머니랑 언니랑 오빠 말 최대한 잘 듣고, 언제나 미소 짓는 얼굴로 밝게 살며, 건강하고 행복하게 살아가기를 진심으로 바랄게. 다시 한번 생일 축하하며, 조예연 파이팅!!!

2011년 4월 22일에
예연이를 엄마 다음으로 사랑하는 아빠가.

제6화 가족

우연히 TV에서 '동행'이라는 프로를 보게 됐다. 장애인 아빠에, 장애인 엄마, 장애인 아들의 이야기다. 가족 중 유일하게 누나만 정상이다. 정상적인 직업을 가질 수 없는 아빠는 절룩거리는 걸음으로 오토바이를 개조하여 만든 자동차로 고물상을 한다. 집은 지저분하고 아주 작은 데다 수거해 온 폐지와 캔과 고철로 집 주위가 난잡하다.

초등학교에 들어갈 나이가 되어도 말을 더듬고 혼자서 걷지 못하는 아들은 결국 재활원에 보내고 만다. 그리고 1년에 몇 번씩 만나야 하는 아들을 위해 아빠와 엄마는 매일 열심히 일한다. 몇 푼 안 되는 벌이지만 가족에게 맛있는 걸 먹이고 싶어서다. 모처럼 아들 희천이가 오는 날이면 온 가족이 손님맞이에 법석이다.

시골 5일 장에 가서 소시지도 사고, 부추도 사고, 달걀도 사고, 단무지도 사고, 홍당무도 산다. 아들 희천이가 좋아하는 김밥을 만들어주기 위해서다. 그리고 집 앞길도 쓸고, 마당도 쓸고, 방 청소도 하면서 온 가족이 들뜬 마음으로 준비를 하며 아들과 동생을 기다린다.

아빠와 엄마는 글도 읽을 수 없고 거동도 불편하지만, 마음만은 아주 곱고 세상을 밝게 살아간다. 가난도 불구도 불만이 없으나 아들 희천이가 혼자서 두 발로 걸을 수 있는 것이 꿈이다. 재활원에서 노력한 덕분으로 지지장치를 이용하여 이제 제법 혼자서 움직일 수 있다. 부모는 모두 장애인이고 보통보다 못한 외모지만 의외로 딸 정숙이와 아들 희천이의 외모는 말쑥하다. 딸 정숙이는 몸도 마음도 정상에다 공부도 잘해 부모에게는 유일한 자랑거리다. 아들 희천이는 다리 불구에 지체 장애아지만 외모는 탤런트 뺨칠 정도로 말끔하다. 순박한 마음에서 나오는 미소가 일품이다.

마침내 재활원에서 보낸 봉고차에서 아들이 도착할 때 아들은 아빠, 엄마, 누나를 부르며 활짝 웃고 아빠와 엄마와 누나는 희천이를 부르며 얼싸안고 좋아서 난리다. 어린 나이에 6개월 만에 만나는 가족은 그야말로 환상적이다. 희천이는 엄지손가락을 치켜세운다. 아빠도 최고, 엄마도 최고, 누나도 최고란다. 얼마만큼 사랑하느냐고 물으니까 애들이 늘 하는 대로 양팔을 쫙 펼치며, "하늘만큼, 땅만큼"이란다.

집안은 좁고 복잡해서 보조 장치를 이용할 수 없기에 기어서 다녀야 하고, 목욕할 때도 정상인 누나가 잡아줘야 이동할 수 있지만 그래도 희천이는 집이 더 좋단다. 깨끗하고 화장실에도 혼자 갈 수 있고 목욕탕도 널찍한 재활원보다 집이 더 좋단다. 엄마가 만들어 준 김밥을 먹으며 해맑게 웃는 모습이 아름답다.

며칠 후, 이제는 재활원에 돌아가야 할 때다. 아들 희천이가 재활원에 가는 것을 싫어하기 때문에 가족은 가족나들이로 속여 다니는 교회 목사님 봉고차를 이용하여 재활원에 데리고 간다. 재활원에 도착해서야 깜짝 놀란 희천이는 안 된다고 소리친다. 집에서 가족과 함께 살고 싶다고 큰 소리로 울음을 터뜨린다. 아빠와 엄마, 누나도 안타까운 마음에 같이 눈시울을 적신다. 한참 만에야 한 달 후 추석이면 집에서 같이 지낼 수 있다는 말에 이윽고 희천이도 울음을 멈추지만, 소리 없이 닭똥 같은 눈물을 떨군다. 아빠는 희천이에게 다짐하게 만든다.

"아들아, 우리 웃으면서 만나고 웃으면서 헤어지자, 약속!"

새끼손가락을 걸고, 도장을 찍고 확인을 한다. 재활원을 나오면서 가족은 마음이 천근같이 무겁지만, 아들과 동생이 머지않아 혼자서 걷는 날을 기대하며 집으로 향한다.

희천이에게는 추한 외모의 장애인 부모가 최고인가 봅니다. 아빠와 엄마에게는 다리 불구에 지체 장애아지만 아들 희천이가 최고인가 봅니다. 온갖 고물에 좁고 지저분한 집이지만 깨끗한 시설인 재활원보다 희천이는 집이 더 좋답니다.

그렇습니다. 더럽고 지저분하고 좁고 불편한 집이라도 집에는 가족이 있습니다. 따뜻한 정과 뜨거운 사랑이 있습니다. 정과 사랑이 넘치는 가족과 함께한다는 것, 그것이 바로 행복입니다.

많은 것을 가지고 있지만 가진 것은 모르고 부족한 것만 아는 사람, 그는 불행할 수밖에 없습니다. 희천이 가족을 보면서도 불행하다고 생각합니까? 집도, 먹을 것도, 입을 것도 부족한 희천이네 가족의 소박한 꿈, 희천이가 두 발로 마음껏 다닐 수 있을 거라는 희망으로 오늘도 행복한 미소를 짓는 그들을 보며 느낀 것은 없습니까?

훈훈한 인심과 정으로 뭉쳐진 예천기지 전우 여러분, 편안한 귀성길과 유쾌 상쾌하고 행복한 한가위 보내십시오.

2011. 9. 15.(목)
인트라넷 자유게시판에

제7화
아들아

사랑하는 아들 준연아, 태어나서 얼마 안 되어 아무것도 모르면서도 처음 보는 세상을 호기심 어린 눈빛으로 두리번거리던 모습이 엊그제 같은데 어느덧 14년이란 세월이 흘러 키는 이미 아빠를 따라잡았고, 정신도 영혼도 성장하여 독립하고 추월하려고 무진 반항하는 모습을 보면 한편으로는 기특하고 한편으로는 세월의 무상함을 느끼게 하는구나.

그때는 아빠가 무척이나 바빠서 휴가도 낼 입장이 못 되어 국군의 날과 주말이 이어져 있는 10월 1일에 유도분만 하게 되어 생일이 대한민국 국군과 같은 국군의 날이 되었고, 이름을 '국군'이라고 지을까 생각했던 기억이 나는구나. 그랬으면 이름이 '조국군'이 되었겠지.

몸은 비록 튼실하지 못하지만 초롱초롱한 눈과 단단한 정신을 보면 미래를 기대케 한다. 험한 세상을 잘 살아가기 위해서는 건강한 육체와 건전한 정신, 우수한 두뇌, 끊임없는 노력 등 많은 것이 필요하지만 가장 중요한 것 몇 가지를 알려주마.

사람이 추구하는 성공이란, 꿈을 이루고 부와 명예, 권력, 사랑을 쟁취하려는 목적은, 다름 아닌 행복하게 살아가려는 욕망 때문이란다. 사람은 행복하기 위해 살아가는 것이지. 행복을 위해 가장 중요한 것은 공부가 아니라 사람을 사랑하는 것이다. 내가 다른 사람에게 인정받고 사랑받으면 행복하듯이 다른 사람도 나에게 인정받고 사랑받으면 행복하단다. 또한, 나를 사랑하는 사람을 나도 사랑하듯이 네가 다른 사람을 인정하고 사랑한다면 다른 사람도 너를 인정하고 사랑할 것이다. 다른 사람이 너를 인정하고 사랑한다면 너는 언제 어디서 무엇을 하여도 항상 행복할 수 있을 것이다. 태어나서부터 죽을 때까지 만나는 모든 사람, 부모, 형제, 친구, 선배, 후배, 직장 동료를 사랑해야 한다는 것이다.

사랑을 어떻게 해야 할까? 만나는 사람마다 사랑한다고 말해야 할까? 물론 그것도 한 방법이기는 하겠지만 말이 많으면 사람이 가볍게 여겨지고 신뢰할 수가 없으니 좋은 방법이라고 할 수는 없겠다. 사람을 사랑하는 가장 좋은 방법은 배려와 공감이란다. 항상 상대방 처지에서 생각하고 행동하는 배려와 상대방이 처한 상황에 따라 느끼는 감정, 이를테면 아플 때 같이 아파하고, 슬플 때는 두 눈에서 눈물이 흘러내릴 정도로 함께 슬퍼하고, 기쁠 때는 환호작약하며 하이파이브하며 좋아하고, 즐거울 때는 박장대소하며 즐거워하고, 분노할 때는 같이 화를 내며, 무언가에 감동할 때는 가슴이 저리도록 함께 감동하는 것, 즉 공감이란다. 주변 사람에게 진정한 배려와 공감을 실천할 수 있다면 네가 소원하고 꿈꾸는 꿈은 이루어질 거야.

    외모도 두뇌도 영혼도 깔끔하고 우수하고 맑은 아들아, 현재 가진 재능과 육체와 정신을 더 갈고 닦아 만나는 모든 사람을 사랑하며 아름다운 이 세상의 빛과 소금이 되어라. 아빠의 유일한 아들 준연아, 사랑한다. 생일 축하한다. 행복한 하루 보내기를 바랄게.

2011. 9. 30.(금)
언제나 남자, 사나이, 군인이기를 소망하며
엄마와 더불어 가장 준연이를 사랑한다고 자부하는 아빠가.

제8화
하연이 생일 축하

사랑하는 딸 하연아, 생일 축하한다. 처음 네가 태어났을 때, 생명의 경이로움에 무한 감동하였던 기억이 아직도 새롭다. 아빠는 가난한 농부의 자식으로 태어나 어렵게 살아왔기 때문에 인간의 존엄성이나 생명의 소중함 같은 것을 이론적으로 배우기는 하였으나 현실에서 느낄 수는 없었다. 다만, 형제나 친구들과 경쟁하며 성장하여 생존을 위하여 무엇을 해야 하는지는 겨우 깨달았을 정도였지.

정말 아빠는 할아버지나 할머니께 애교를 부리거나 귀여움을 받은 것을 전혀 기억할 수 없단다. 그래서 20대까지 아빠의 사고방식의 큰 줄기는 남자는 강하고 똑똑해야 하며, 여자는 예쁘고 늘씬해야 한다고 생각했단다. 어려서부터 많은 책을 읽어 역사에서 승자가 되고, 살아남기 위하여 가장 필요한 것이 무엇인지는 알았다고 봐야겠지. 인간에 대한 사고가 많이 바뀐 지금도 생존을 위한 조건으로 개인의 능력이나 외모가 중요한 것은 사실이야.

서른 살이 되어 너를 낳았을 때, 이미 말했듯 정말 경이로웠다. 아니 기적이었지. 사실 깊이 생각하지 않아서 그렇지 세상에서 가장 신비하고 이해하기 힘든 것이 생명의 탄생과 소멸이 아닌가 한다. 아빠는 그때부터 사람에 대한 인식이 완전히 바뀌었단다. 물론 능력이나 외모가 뛰어난 것도 중요하지만 설령 그런 것을 갖추지 못했어도 인간은 존중받고 사랑받아야 한다고 생각하게 되었지. 왜냐하면, 내가 세상에서 내 자식들을 가장 사랑하며 소중하게 생각한다면 다른 모든 부모도 자신의 자식에 대하여 그렇게 생각할 것이기에. 재주가 없고, 신체가 부자유스럽고, 얼굴이나 몸매가 못났어도 그 사람의 부모가 보기에는 그래도 세상에서 가장 소중한 자식일 거야.

너희를 키우면서 이것저것 가르치고 요구하는 것이 많지만, 실제로는 너희로 인하여 깨달은 것이 더 많단다. 아빠의 생각을 바꾸고, 많은 것을 깨닫게 한 사랑하는 딸 하연아. 지금 무척이나 힘든 시기인 거 잘 안다. 공부할 때에는 공부 외에는 모든 게 재미있다는 것도 잘 안다. 평소에는 좋아하지 않는 영화나 드라마, 다큐멘터리, 수필집까지도. 시간도 너무 천천히 흐르지. 그렇지만 머지않아 깨달을 거야, 인생에서 청춘이 얼마나 소중하고 아름다운 시기였다는 것을. 꿈과 희망이 무한하고 언제까지나 삶이 지속할 것으로 여겨지는 청춘은 연애해도, 책을 읽어도, 여행해도, 심지어는 잡담이나 밤하늘의 별을 보면서 길거리를 헤매어도 즐거운 시절이지. 그 소중하고 아름답고 즐거운 시기에 모든 것을 포기하고 공부에만 매진해야 한다는 현실이 사실 아빠가 보기에도 가슴 아프단다.

인생이 공부가 전부가 아닌데, 더 중요한 인생의 산 교육도 많은데, 그래서 아빠는 청춘의 전부를 공부에만 매달리라고 강조하고 싶지는 않다. 가끔은 친구와 잡담도 하고, 시도 읽고, 여행도 하고, 아주 가끔은 게임을 하는 것도 괜찮아. 그러나 인생에서 소중하지 않은 시간은 존재하지 않지만 10대 후반에서 20대 초반의 시간은 너무나도 짧고 해야 할 일은 너무나 많단다. 그래서 하고 싶은 일의 일정 부분은 희생시킬 수밖에 없는데 공부를 소홀히 하여 한 번 뒤처지면 역전시키기에는 너무나 많은 희생이 따르기에 엄마가 그렇게 공부를 강조하는 거란다. 공부하라고 잔소리하는 엄마의 마음도 아빠의 마음과 같을 거야. 사랑하는 우리 애들이 너무 안쓰럽고 불쌍한 거지.

그래도 하연이가 잘 알다시피 너는 아빠와 엄마의 장점만 두루 타고났기 때문에 다른 사람보다 더 유리하고, 현재도 잘하고 있단다. 너뿐만 아니라 아빠나 엄마도 불확실한 미래나, 처음 가는 장소나 일은 언제나 두렵고 부담스럽지. 하연이도 그런 생각이 들 때가 간혹 있겠지만, 두려워할 것은 전혀 없단다. 세상 모든 일은 결국은 사람이 이룬 것이고 누군가가 할 수 있었던 일이라면 또 다른 누군가도 할 수 있겠지. 아빠는 아빠나 하연이도 그 누군가에 해당한다고 생각한다.

아빠는 다른 사람이 뭐라고 하고 어떻게 생각하든 아빠가 최고라고 생각한다. 칭기즈칸이나, 나폴레옹, 알렉산더, 카이사르, 이순신, 안중근 모두가 훌륭한 사람이고 대단한 사람이 틀림없지만, 아빠도 거기에 모자라지 않고 아빠의 현재 삶을 사랑한단다. 힘이 있는 대통령이나 돈이 많은 사장보다도 현재의 나를 더 사랑한단다. 그것이 나의 정체성이고 자부심이란다. 하연이도 세상에 대한 두려움 따위는 모두 버리고 당당하게, 늠름하게, 떳떳하게 세상을 내려다보면서 살아가길 바란다.

아빠나 엄마는 현재의 하연이 모습과 행동과 생각을 항상 자랑스럽게 생각하고 사랑하고 있단다. 세상의 모든 사람이 하연이를 욕하고 미워해도 단 한 명이라도 아닌 사람이 있다면 아빠나 엄마일 거야. 공부를 열심히 하되 결과에 너무 부담 갖지 말고 예쁘게 살아가거라. 사람이 세상을 사는 이유는 행복하기 위해서이고, 행복하기 위해서는 다른 사람에게 인정받고 사랑받아야 하며, 타인에게 인정받고 사랑받기 위해서는 내가 먼저 타인을 인정하고 사랑해야 한다는 사실은 알고 있겠지? 사랑하는 방식은 말보다는 항상 주변 사람을 배려하고 공감해야 한다는 사실도.

사람이 살아가면서 해야 할 일과 하지 말아야 할 일이 있는데 술, 담배, TV 시청, PC게임은 하지 말아야 할 네 가지이며 신체, 영혼, 지성, 재능을 향상하고 단련하기 위하여 운동과 명상, 독서, 노력, 이것이 해야 할 네 가지다. 하연이는 해야 할 것과 하지 말아야 할 것을 잘 구분해서 실행하여 세상에서 가장 아름답고 행복한 삶을 살아가길 바랄게. 하연아, 생일 축하한다. 사랑한다.

2011. 12. 8.
우리 예쁜 딸 하연이의 영원한 아빠가

제9화
하연이의 편지

To. 사랑하는 우리 아빠♥

　아빠 안녕!!! 하연이는 기숙사에서 나름(?) 즐거운 나날을 보내고 있th요!!! ㅋㅋㅋ 오늘은 야자하다 갑자기 아빠 생각이 났어!!! 왜 문자를 보내고 그냥 자는 것이여?? 아빠의 마치 철학자 같은 편지는 잘 읽어 봤어요! 훌륭한 사람 될 거니까 걱정은 접으시랑께롱! 그리고 서울대 정시로 넣느니 하는 말 하지 맙시다. It's impossible! 그럴 것이면 내가 전교 1등이겠네 ㅠㅠ

　아빠 일하는 거 힘들지? 난 뜨신데 앉아 배부르게 먹고 책 한 권 읽기도 귀찮은데 ㅠㅠ 그래도 쫌만 더 힘내요! 연금이 멀지 않았…… 이게 아닌가? 아무튼 오랜만에 아빠 추천도서 읽고 싶으니까 들고 오도록 하시오. 명령이야!!! 장난이고 즐거운 하루 되세용. 난 20000…….

2012. 3. 10.(토)
From. Zn

사랑하는 맏딸 하연이에게 〈 답 글 〉

　사람을 사람으로 보고, 사람을 사랑하게끔 했던 예쁜 딸 하연아. 왜 예쁘냐고 하냐는 둥 쓸데없는 소릴랑 말아라. 너도 곧 엄마가 되면 알 테니까.

　공부하기 힘들지? 음, 아빠의 경험에 의하면 목적을 가지고 하는 일에 쉬운 일은 없더구나. 그것이 공부든, 일이든, 사랑이든, 소통이든. 아빠가 일하고 가정을 꾸려나가는 데 쉼 없이 위기가 오거나 어려운 상황이 닥쳐서 힘들 듯이 하연이가 공부하기도 쉽지 않을 거야. 하지만 네가 이미 알다시피 선천적으로 우수한 두뇌를 타고난 네가 힘들다면 다른 친구들은 더 힘들겠지? 그리고 꿈은 크고 넓고 높은 게 좋아. 설령 그 꿈을 이루지 못하더라도 꿈을 향해 가다 보면 상당한 경지에 이르겠지? 진학할 대학교는 올 한 해 열심히 공부해서 결과를 보고 내년에 고민하자.

　원하는 책인지는 모르지만 물리, 화학 관련 책을 한 권씩 사 갈

게. 사랑한다. 하연아. 파이팅!

2012. 3. 17.
천상천하 유아독존을 꿈꾸는 순진한 아빠가.

딸의 편지를 받고

오랜만에, 얼마 만이던가? 기억나지 않는 걸 보니 초등학교 때 이후로 처음으로 맏딸에게서 편지를 받았나 보다. 장난기가 보이고 맹랑한 구석이 없지 않으나, 다 큰 처녀, 고2의 딸에게서 편지를 받으니 마음이 아주 흡족했다.

있th요는 발음상 쓰인 것 같고, 서울대 정시 얘기는 어느 대학이든 수시로 합격하면 바꿀 수 없다고 해서 차라리 처음부터 서울대 정시를 노리는 건 어떠냐고 한 말인데, 난 20000은 "난 이만……" 이런 뜻이고, From. Zn은 "하연이가" 뭐 이런 정도로 이해된다. 처음에는 무슨 말인 둥 통 요해가 되지 않는지라, 허둥지둥했다오. 뜻은 대충 통했으니 모처럼 소원하는 책을 사러 부산 시내를 나갔다.

책을 읽기는 즐겨 하나 돈 주고 사보는 것은 아까워서 여간해서는 사지 않지만 모처럼 큰딸의 부탁이니, 큰 서점이 서면에 있다 하여 부산 김해 간 경전철을 타고 사상까지, 사상에서 2호선으로 갈아타고 서면에 도착, 영광도서가 큰 서점이라고 해서 왔더니 과연 크더라. 1층에서 5층까지 책으로 꽉 차서 보고 싶은 책, 갖고 싶은 책이 무진장 많았다. 딸이 과학자가 꿈이라고 해서 물리 화학 관련 서적 각 1권을 정하고, 막내딸이 그림을 좋아하니 동물 인물 그리는 책 2권을 정하고, 수학 좋아하는 아들을 위해 수학 관련 책 1권에다 마누라가 토라질 것 같아 수필집 한 권을 고르고, 부산의 유명한 둘레길을 소개한 책이 있어 틈틈이 다니려고 한 권 고르니 책값이 9만 원이 넘어가네. 나오면서 서점 앞에 진열해 놓은 할인 책을 훑어보니 건강과 음식에 관한 책이 있어 한 권 더 고르고, 텃밭에서 가꾸는 채소에 대한 소개 책자 한 권 더 고르니 12만 원을 훌쩍……. 자고로 책은 사서 보지 말고 빌려봐야 한다는 지론이 머리를 스친다.

집에 못 갔으니 저녁에는 혼자서 삼겹살과 소주나 한잔할까 하여 부전시장에 들렀다. 자갈치 시장도 그랬지만, 시장은 사람 냄새가 팍팍 난다. 시장 입구 오십 미터도 못 가서 마침 채소 파는 사람이 눈에 띄어 값을 물어보니 봄동 배추가 2000원이요, 상추가 2000원이라. 혼자 먹을 것이니 합해서 2000원어치만 달라고 하니 한 묶음씩 주더라. 얼마 안 되는 채소를 샀지만 고맙다며 웃는 아주머니의 미소가 해맑다. 한 걸음 돌아서니 곱게 다듬어 놓은 봄동 배추가 보여 '아차' 하는 후회가 들어 값을 물어보니 3000원이더라. 1000원어치만 사도 충분히 줄 것 같은지라 후회가 밀물 듯이 밀려왔지만 어쩌랴. 이미 산 것을. 좀 전에 사서 더 살 수 없다고 하자 웃으면서 다음에 오라는 아주머니의 미소가 곱다.

아내와 함께 장을 보려면 온 장을 한 바퀴 돌면서 값을 물어보고 마지막에 사는 것을 보며 시간이 아깝다고 지청구도 많이 하였건만 막상 혼자서 장을 보니 그것도 노하우(knowhow)구나 하는 생각이 든다. 다음에는 사고 싶은 것이 있어도 딱 두 군데만 확인하고 사자.

시장에 있는 정육점에서 삼겹살 400g을 사고 나오는데 시장식당이 보였다. 야, 시장이 싸긴 싸구나. 김치찌개가 단돈 3000원이란다. 먹어보고 싶은 마음이 굴뚝같으나 집 나오면서 밥을 해놓고 나왔으니 집에 가서 먹어야 한다. 아내가 싸 준 반찬도 충분하니, 짠돌이 같으니……. 시장을 나서는데 과일 행상이 보여 토마토 3000원어치 사고 좀 더 가니 옥수수 파는 아줌마가 보여 값을 물어보니 두 개에 1000원이란다. 값이 싸서 두 개를 사서 당장 하나를 입에 물고 시장을 나오며 생각하니 오늘 좀 과용하기는 하였으나 그리 밑진 장사는 아니었구나. 사람들이여, 마트가 편리하다 하나 시장에 가 보시오. 값도 싸려니와 사람 사는 냄새와 정과 미소가 게 있으니. 우리 큰 딸 덕분에 모처럼 세상 구경 잘하였네.

점심 먹고 사무실에 나와 딸 편지 답장 쓰고, 다른 가족 서운할까 하여 아내와 아들과 막내딸에 대한 편지와 이 글을 쓰다 보니 어느새 파장이라. 오늘은 그만 운동 좀 하다가 집에 들어가 장에서 사 온 삼겹살과 쌈 채소에 소주 한잔하며 피로를 풀자. 그리고 우리 창장님이 좋아하는 일은 내일 하지 뭐. 일이 하기 싫어서인지 열정이 스러져서인지 알 수 없으나, 젊은 날에는 곧잘 하던 야근이 너무 힘든지라, 옛날 박정희 대통령의 말이 꼭 맞다. 체력은 국력이려니.

  일하려고 하고 열정이 영 없는 것도 아닌데 힘든 것은 몸 탓이라네. 쉰도 안된 몸이 도시 버티지를 못하니 술 담배를 끊어야 하는데 끊을 수는 없으니 가서 달리자. 이제 기억도 희미한 옛 전우도 몸 관리 잘하소. 얼마 안 가 밑천이 바닥날 것이니. 메일을 보내려 하나 메일이 불통이네. 이 글이 당도할 때쯤이면 월요일일 것인가? 전우 여러분, 힘찬 한 주 보내시오. 오늘도 행복한 하루 ~~~

2012. 3. 17.(토)
따뜻한 아빠를 희망하는 조자룡이 지인에게

제10화
가족에게 쓴 편지

사랑하는 아내 선미 씨에게

　잘 지내고 있나요? 나는 당신 덕분에 아주 잘 먹고 잘 지내고 있다오. 매년 한 번씩 보내는 편지, 올해는 시간이 좀 남았지만, 하연이가 편지를 써서 겸사겸사해서 보내오.

　고생이 많지? 나나 형제들도 별로 관심이 없는 부모님을 지극 정성 모시느라고. 하지만 당신이 이미 알고 있듯이 세상에는 다 좋은 것도 다 나쁜 것도 없는 법이라오. 부모님을 모시느라 육체적으로 고되고, 시간이 부족하고, 경제적으로 어려운 것도 사실이지만 나중에 남는 것이 있을 것이오. 형제간의 체면이나 발언권 같은 것도 있지만, 부모님을 모시는 것을 직접 본 자식에게 그보

다 좋은 교육은 없을 것이오.

  도와주고 싶은 마음은 굴뚝같으나 생각처럼 행동하지 못해 미안하오. 하루하루가 힘든 상황의 연속이나 비단 우리에게만 닥치는 고난은 아닐 터, 머지않아 꽃 피는 봄이 곧 당도하리니 함께 들로, 산으로, 바다로 거닐면서 행복을 찾아봅시다. 항상 나보다 1주일 앞서는 생일 축하하오. 사랑하오. ♡♡♡

2012. 3. 17.(토)
세상에서 당신에게 가장 사랑받고픈 남자 자룡.

아빠의 유일한 아들 준연이에게

  사랑하는 아들 준연아, 세상에서 제일 멋있고, 제일 똑똑하며, 가장 강하고, 가장 자랑스러운 유일한 아들 준연이는 현재도 충분히 만족하고 있지만, 미래가 더욱 기대되는 엄마와 아빠의 꿈나무란다. 물론 하연이와 예연이에게도 무한한 기대를 하고 있으나 준연이에게는 조금 다른 점이 있지.

  전통적인 남성관이 사라지고 남녀평등의 시대가 도래하여 남성의 위상이 과거에 비하여 다소 낮아지기는 하였지만, 여성은 육아의 어려움 등 변할 수 없는 진리가 존재하기에 역시 사회를 주도해 가는 것은 남성의 역할이 더 크다 하겠지. 이제는 생각이 완전히 바뀌었으나 아빠는 어려서부터 남자는 강하고 똑똑해야 하며 여자는 예쁘고 날씬해야 한다고 생각했단다. 그것이 전부가 아니고 사람은 그 자체로 존중받아야 한다는 사실을 뒤늦게 깨달았지만, 현재도 예전의 아빠 생각대로 사는 사람이 세상의 주연으로 살아가는 것을 보면 아빠의 어렸을 적 생각이 다 틀린 것 같지는 않다.

이미 충분히 똑똑하고, 영리하고, 착하고, 용감한 준연이는 체력단련에 더욱 힘을 쏟아야 해. 지능으로도 키로도 이미 아빠를 앞섰다고 하나 체력이나 깡, 정신력도 아빠를 추월해야 하지 않겠니? 언제나 밝고 씩씩한 준연아, 사랑한다.

2012. 3. 17.
준연이에게도 유일한 아빠가.

막내딸 예연이이게

예연이(♡) 안녕! 아빠야. 음, 예연이는 긴 글은 읽기 싫다고 하였으니까 최대한 짧게 쓸게.

지금도 엄마를 열심히 도와주며 곁에서 엄마를 잘 지키고 있겠지? 아빠는 예연이 덕분에 맘 편안히 나라를 지킬 수 있단다. 언제나 밝은 미소와 명랑하며 자신감에 차 있는 예연아, 세상에서 가장 중요한 건 그 자신감일지도 몰라. 아빠는 재산도 배움도 체력도 남다를 것이 없음에도 불구하고 누구에게도 지지 않을 자신이 있다는 거 알지? 어떻게 이런 자신감이 생겼는지는 알 수 없지만, 아빠는 어렸을 때부터 어떤 상황에서도 아빠 스스로 힘으로 헤쳐 나와서 그런 게 아닌가 싶어. 예연이도 항상 스스로 힘으로 모든 걸 해내고 있으니 아빠의 가장 비슷한 2세인가? 흠, 언제나 자랑스러운 아빠의 딸이지.

공부도, 그림도, 노는 것도 항상 최선을 다하고 하루하루를 즐겁고 행복하게 살아가길 바란다. 언니의 편지 덕분에 예연이 책을 두 권 사 가니 언니에게 고맙다고 전하고. 예쁜 막내딸 사랑한다.

2012. 3. 17.
예연이에게 영원히 기억되고픈 아빠가.

제11화
아빠, 아빠 우리 아빠

　　아빠 안녕 ㅋㅋㅋ 아빠가 사 온 책은 아직 못 읽었으……. 시간이 나질 않는구랴. 아빠 덕에 엄마에게 생일 축하한다는 말을 할 수 있었다람쥐람쥐. 아빠도 생일 축하해여!!!

　　난 지금 기숙사에 있찌……. 3주간 집에 못 가지……. ㅠㅠㅠㅠ 엉엉엉엉ㅠㅠ 다시 부산에도 놀러 가 보고 싶어……. ㅠㅠㅠㅠ 석가모니님의 생일날?? 뵙도록 하지요(물론 그전에도 보겠지만 ^^…….). 아무튼 그냥 그래여……. 허허허 인생무상이라……. 인생지사 새옹지마요 회자정리 거자필반이니…….

　　현재에 너무 연연하지 말고(3주간 긱사에 있지만ㅠㅠ) 즐겁게 살도록 합시다잉!! 그럼 얼마 후……. 언젠진 몰라도…….에 뵈요!! 뿅!

2012년 어느 (말만)봄날
아빠의 스릉흐는 딸이♥

P.S 하연이 6월에 수학여행 갑니다!! 그럼 진짜 뽕!!!

〈답 글〉

　사랑하는 하연 양! 꽃들이 너도나도 경쟁하듯 피어나고 세상이 빠르게 초록빛으로 변해가는 화창한 봄날, 인생의 꽃봉오리가 만들어지는 이팔청춘, 꿈에서도 가슴이 벌렁거리는 아름다운 청춘이건만, 떠오르는 태양을 보아도, 밤하늘의 별을 보아도, 매섭게 부는 꽃샘바람도 아름답게 보이는 때이건만 마냥 그렇지만은 않은 것 같아 아빠 마음이 쪼까 아프네. 흠, 너에게만 주어지는 시련이 아니니 잘 이해하도록.
　다른 친구와 비교해서 가정적으로도 개인적으로도 뒤처질 것이 없는 하연이는 행복한 투정이라고 해야 할 거야. 아마도 친구가 안다면 언짢아할지도……. 큰 아빠들처럼 공부하고 싶어도 진학하지 못하는 사람, 대학에 가고 싶어도 인문계 학교에 가지 못했던 아빠 같은 사람이 지금도 존재한다는 사실, 잘 알고 있지? 열심히 할 만큼 하되 너무 힘들어서 죽고 싶을 정도로 할 필요는 없어. 아빠가 살아보니 그 어떤 일도 죽고 싶을 정도로 할 필요는 없다는 것을 알았단다. 할 만큼만, 하고 싶은 만큼만 하는 거지.

그것이 네 인생이고, 그 결과 또한 네 인생이야. 어떠한 삶을 살더라도 너 자신을 사랑해라. 네가 최고야. 힘들어도 잘 지내.

2012. 4. 9.(월)
강력한 군인이면서 부드러운 아빠이고 싶은 사람.

제12화
딸아, 아들아

　세상에서 가장 멋있고 자랑스러운 딸아, 아들아! 가장 영롱하고 늠름하며 향기로운 영혼을 가졌을 딸아, 아들아! 엄마 아빠가 비록 너희를 위하여 노력하지만, 결코 그것만으로는 너희 영혼이 성숙할 수 없음을 잘 안다. 너희에게는 충분할 수도 부족할 수도 있는 나와 엄마지만 너희가 갈 수 있는 길, 할 수 있는 것을 알려주고 통제할 수는 없단다. 그 길이 비록 멀고 힘든 여정이겠지만 오로지 너희 힘만으로 찾아가야 하지.

　아빠는 불행하게도 세상에서 존경하는 사람이 많지 않다. 사랑하고 존경하는 사람이 많아 의지하고 도움을 받으면 좋으련만. 그래도 생존에 필요한 것이 무엇인지는 책을 통하여 일찍이 알았기에 부모님과 선생님이 싫어하는 일은 그것이 무엇이든 하지 않았다. 내 본성과 영혼의 요청에 따르지 않았지. 아빠는 누군가에게 통제받고 욕먹는 건 죽기보다 싫어했다. 너희보다 지능도 재능도 부족하지만, 세상에서 버틸 수 있는 원동력이지. 그나 나나 같은 사람인데 왜, 무엇이 부족해서 욕을 먹고, 내 영혼의 자유를 억압받아야 하나? 참을 수 없는 자존감으로, 오만으로 세상을 버텼다.

세상에서 나보다 센 놈은 없다. 내가 그렇게 생각하면 그런 거다. 나보다 수학이나 운동이나 생긴 것이나 싸움을 잘하는 놈이 물론 존재하겠지만 아빠는 언제나 센 놈이었다. 질 수도 져서도 안 되었다. 왜? 뒤가 없었으니까. 세상 모든 사람은 선생님이다. 특히 중요한 스승은 나를 욕하는 사람, 괴롭히는 사람, 무시하는 사람이었다. 그런 사람이 없으면 하루는 편안하다. 그러나 아무 느낌이나 깨달음 없는 무의미한 시간이 흘러갈 뿐이지.

어려서 아버지, 너희에게는 할아버지지만, 아버지를 보고 많이 생각했다. 말 잘하고 사리가 분명한 아버지였지만 아버지처럼 살지는 않겠다고 생각했다. 칠대 독자이신 아버지는 아들 많은 것을 자랑하셨지만, 그리고 너희가 모르는 많은 고난과 역경이 분명히 있었지만, 그래도 아빠는 인정할 수 없었다. 내 어린 시절이 가난으로 인하여 비록 불행하지는 않았으나 사람이 자식을 낳았으면 책임을 져야지 숫자 많은 것을 자랑으로 삼을 수는 없다고, 나는 그렇게 살지는 않을 것이라고, 아빠의 엄마, 할머니가 너무나 고생하는 걸 보고 초등학교 때 맹세를 했다.

'사나이 조자룡은 결혼하지 않는다! 혹시, 결혼하더라도 절대

로 욕하지 않는다! 때리지 않는다!'

너희 엄마가 굉장히 똑똑하고 현명하며 남편과 자식에 대하여 헌신적으로 살았기 때문이기도 하지만 그 맹세를 저버린 적은 없다. 흠, 그 맹세를 깨는 순간 이미 나는 내가 아니다. 다른 인간 조자룡이 있을 뿐이지.

세상에서 가장 사랑하는 딸아, 아들아! 엄마 말, 아빠 말 안 들어도 좋다. 그러나 너희가 너희 자신에 대하여 완전히 깨닫고, 너희 각자 영혼의 지시대로 살아갈 때까지 참조는 해라. 엄마와 아빠가 해줄 수 있는 것, 가르칠 수 있는 것은 많지 않다. 너희가 나의 소유물이 아닌 독립된 개체인 것을 태어날 때부터 알고 있었다. 그렇다 하더라도 아빠의 마음을 흐뭇하게 하고, 우주의 신비를 깨우치고, 삶의 보람을 준 것은 틀림없는 사실이다.

언젠가 스러져갈 엄마나 아빠를 지나치게 믿거나 의지하지 마라. 삶은 한순간에 스러질 수 있는 것, 언제 어떻게 우리가 너희 곁을 떠날지는 아무도 모른다. 너희가 우리 몸을 통해서 태어났으나 우리 소유물이 아니라는 걸 안다. 아빠의 바람은 오래 버티는 것이다. 알 수 없는 우주의 원리를 깨우치고, 대중에게 더 많은 진리를 알게 하고, 그들의 삶에 다소의 윤활유 역할을 하기를 바란다. 현재 너희가 접한 어려운 상황은 모든 사람에게 유사하게 닥치는 운명이다. 운명을 이길 힘을 주위 사람에게 줄 수 있는 사람이 되기를 바란다. 종합하면 성인(聖人)이 되라는 말이지만, 자신은 성인이 아니라도 자식이 성인이 되기를 바라는 것이 부모의 마음이니 욕심 많은 아빠를 이해해 주기를 바란다.

　아직은 이슬같이 맑고 투명한 영혼을 소유했을 딸, 아들아! 영혼을 느껴라, 영혼이 원하는 데로 가라, 그대로 행동하라.

2012. 5. 28.
고작 남자, 사나이, 군인일 뿐인 아빠가.

제13화
행운이란

행운이란 어느 날 문득 다가오는 것이 아니라 만들어 가는 것이다. 몇 번의 시행착오 끝에 하게 된 결혼은 엄청난 행운도 늘 행복한 것도 아니었다. 다른 사람이 결혼하는 모습을 보아도, 언론에서 결혼에 대하여 보도하는 걸 보아도, 보통 사람이 보통으로 결혼한 이상도 이하도 아니었으니까.

아기를 낳아서 물론 기뻐하였지만, 아기를 보아줄 사람도 산후조리를 도와줄 사람도 없어서 슬퍼하는 아내를 지켜볼 수밖에 없었다.

"우리 애들이 너무 불쌍해, 축하해주는 사람도 돌봐줄 사람도 없는 것이."

아내의 넋두리에 그렇지 않다고 강하게 부정해 보았지만, 일면 사실인 것도 같았다. 양가 부모님이 안 계신 것도 아니고, 양가 형제가 적은 것도 아닌데도 각자 먹고살기 바쁘고, 사정이 허락지 않기 때문에 결국, 아내가 직장을 그만두고 전업주부가 되어야 했다. 물론 나로서는 항상 집에 돌아오면 아내가 있었기에 오히려 잘 된 결과지만.

험한 세월과 온갖 시행착오를 겪으면서 아내와 갈등을 겪어야 했으나, 성격적인 측면에서나 살아가는 방향에 대하여 서로 이견이 있었어도 근본적인 삶의 지향점이 크게 다르지 않은 부분이 행운이었다. 서로 다른 부분을 이해하고 살아가다 보니 이제는 정말 가장 강한 전우가 되었다. 세상의 모든 이해관계에서 가장 공통적인 상황에 있는 사람, 가고자 하는 목표가 같은 사람, 영원히 함께해야 하는 사람이 아내이다. 어쩌면 아내가 없는 삶은 내 삶이 아닌지도 모른다.

경제적으로 어려운 양가지만 우리라도 평범하게 살 수 있는 것이 얼마나 큰 행운인지 모른다. 우리마저 가난하게 살 수밖에 없었다면 양가에 더 큰 재앙이었을 것이다. 애들 셋을 온갖 지성으로 잘 키우고 정신적으로 육체적으로 편치 않은 부모님을 모시고 사는 아내를 보면 정말 난 행운아란 생각이 절로 든다. 진정한 행운은 저절로 찾아오는 것이 아니라 자신의 의지로 만들어 가는 것이다.

물론 아내도 나를 만난 것을 행운으로 생각할 것이다. 아니라면 그렇게 생각하도록 만들어 가야 한다. 변치 않는 사랑으로, 끊임없는 공감과 배려와 보살핌으로. 내가 아내와 사는 걸 행운으로 생각하고 행복하듯이, 아내도 나와 사는 걸 행운으로 생각하게 된다면 아마 아내도 행복할 것이다. 아내의 행복을 위하여, 나의 행복을 위하여 나는 아내에게 행운이어야 한다.

2012. 10. 7.(일)

제14화
하연아

 사랑하는 나의 큰딸 하연아, 엊그제 아빠가 너에게 욕설을 하고 10년 만에 처음으로 손찌검을 했는데 정말 미안하다. 매일 독서를 하며 마음의 수양을 하고, 명상과 반성으로 영혼을 순화하느라 노력하지만, 이 정도밖에 되지 않나 하는 자괴감이 든다. 아무리 많이 알아도 실천을 하지 않으면 별무신통이라고 너에게도 후배 부하에게도 늘 강조하지만, 막상 나 자신도 실천하지 못하는 것이 부끄럽고 수치스럽다. 다시는 그런 일이 생기지 않도록 피나는 노력을 약속하마.

 많이 아팠지? 맞은 곳도 아팠겠지만, 더욱 아팠던 건 마음이겠지. 흠, 사실은 욕하고 때린 아빠도 아팠단다. 아주 많이. 아빠도 엄마도 청소년기를 거쳤고 치열한 경쟁 속에 살았지만 사실 너희 마음을 완전히 알지는 못한단다. 비슷한 과정을 겪었다 하더라도 당시의 상황과 현재 상황은 너무 다르고, 물질적으로 많이 부족했던 시절이라서 모두가 대학진학을 원하지도 않았지. 이를테면 현재와 비교해서 학교에서 배우는 수준도 경쟁해야 하는 비율도 다르기에 네가 느껴야 하는 갈등과 고통을 온전히 이해할 수는 없단다. 다만 경험과 책과 언론과 주변 사람의 이야기로 미루어 짐작하지만, 정말 공부하는 것이 힘들 거라는 생각은 해. 그래서 하연이가 짜증을 내고 엄마 말에 잘 따르지 않고 역정을 내도 나름대로 많이 참으려고 노력한단다.

　자신의 정체성과 가치관을 정립해서 한 인간으로 독립하려는 일생에서 가장 큰 변화를 겪는 사춘기와 가장 중요한 변수 중의 하나인 대입 학력고사를 앞둔 네가, 격심한 스트레스와 마음의 갈등과 정신적 방황으로 매사에 도전적이고 반항적일 것으로 이해한다. 그리고 아빠나 엄마가 그랬던 것처럼 현재 강제로 가르치고 이해시키려고 노력하지 않아도 언젠가 성인으로 성장해서, 또는 사회생활이나 자식을 낳아 키우면서 자연스럽게 느끼고 깨닫게 된다는 걸 알고 있지. 그래서 가능하면 인생의 목적과 현재 위치에서의 방향성 정도만 이야기하고 세부적인 사항에 대해서는 너희 의사에 맡겨 놓고 있기도 해. 그렇다 하더라도 말과 행동에 대하여 좀 더 심사숙고할 필요가 있단다.

　태어나서 처음으로 큰 난관을 지나고 있는 너보다는 아니지만, 아빠나 엄마도 쉽지만은 않은 삶을 살고 있단다. 홍안의 소년이었던 열일곱에 군문에 들어온 이후 30년간이나 하는 군사학이나 군사훈련이 지겨울 때도 있고, 의도했던 대로 일이 추진되지 않거나 커다란 장애물을 만나면 직업을 그만두고 싶을 때도 있지. 하지만 내게는 너무나 소중한 너와 동생들의 학업이 진행 중이기에 결코 실행할 수 없는 상상일 뿐이란다.

엄마의 일상은 너도 잘 알고 있겠지? 보통 엄마들이 다 너희 엄마처럼 생각하고 행동하는 것은 아니란다. 엄마가 학교 다닐 때보다 더 열심히 공부하고, 너희 학교 일정과 과외 일정에 봉사활동 일정까지 꼼꼼히 챙기고, 각종 과제물 작성까지 도와주면서 먹을 것, 입을 것, 목욕에 등하교 교통수단까지 오갖 것을 해치우는 걸 보면 한편으로는 대단하기도 하지만 한편으로는 안쓰럽단다. 게다가 작년부터는 몸과 마음이 편치 않은 할아버지와 할머니까지 모시려니 몸이 여러 개라도 모자라겠지.

그런 여러 어려운 일을 하면서도 나에게도 너희에게도 엄마는 짜증을 내지 않잖니? 공부하기가 너무 힘들고 컴퓨터게임이 너무 하고 싶다면 해도 돼. 그렇지만 너희가 자라는 것을 보면서 모든 어려움을 이겨내고 있을 엄마가 보는 데서는, 엄마가 하지 말라는 것은 조금은 삼갔으면 좋겠다.

현재도 공부도 잘하고 있고 마음 씀씀이도 남부럽지 않게 잘하고 있어. 다만 예쁘고 착하고 똑똑하고 사랑스러운 우리 딸에게 아빠가 바라는 유일한 것은, 엄마가 하던 일을 포기하거나 좌절하거나 절망하지 않도록, 너희와 아빠가 해야 할 일을 하고 있다는 것을 엄마에게 가시적으로 보여줬으면 하는 거야. 힘든 삶을 묵묵히 살아가고 있는 엄마에게 힘이 되도록 노력하자. 아빠가 정말 사랑하고 자랑스럽게 생각하는 하연아, 미안해. 힘들어도 잘 이겨내고, 오늘도 파이팅!!!

2012. 10. 8.(월)
김해에서 아빠가 하연에게 보냄.

제15화
거제 망산

2020년 2월 13일에 거제도 망산에 올랐다. 전에 몇 차례 오른 경험이 있지만, 아내에게 보여 줄 겸 해서 오르게 되었다. 전날 비가 많이 오고 바람이 세게 불어서 미세먼지가 없는 날씨에 섬 산행의 특징인 바다 조망을 기대하고 산에 올랐다.

망산은 397m의 높지 않은 산이지만 삼면에 바다가 조망되고 적지 않은 암릉(岩陵)이 있어 풍광이 일품이다. 정상 표지석에 쓰여 있는 것처럼 천하일경(天下一景)은 아닐지 몰라도 한 번쯤 가 보기에는 충분한 산이다.

얼마 오르지 않아 좌우와 후면에 보이는 바다와 하늘이 환상적이다. 미세먼지가 없는 맑은 날씨여서 푸른 하늘에 떠다니는 흰 구름과 옥빛 바다는 감탄사가 절로 나오게 했다. 경험이 있는 내가 그 정도니 처음 보는 아내의 마음이야 어떻겠는가? 정말 최상의 산행을 즐기고 있었다.

호사다마라 했던가? 점심도 맛있게 먹고 줄기차게 사진을 찍으며 하산하고 있었다. 나무 사이로 보이는 바다가 멋있어 아내에게 포즈를 취하라고 했다. 사진 한 커트 후 돌아서는 순간 갑자기 아내의 비명이 들렸다. 전혀 위험해 보이지 않은 장소였으나 낙엽 속의 죽은 나무를 밟는 바람에 아내가 발을 헛디딘 것이다. 조심스럽게 일어섰으나 정상이 아니었다. 잠시 시간이 흐른 후 천천히 하산을 시작하였다. 불편했지만 못 걸을 정도는 아니어서 며칠 쉬면 나으리라 안도하였다.

하루 저녁이 지나자 발목이 많이 붓고 통증이 심해 삼천포제일병원 정형외과에 가서 진찰을 받았다. 원장님은 무심하게 별일 아니라는 투로 말하였다.

"발목 인대가 3개가 있는데 모두 손상이 있고, 하나는 특히 심해서 수술이 필요하겠네요."

"수술요? 나는 축구 하다 부러지고 삐고 접질리고 늘어난 경험이 무수한데 수술한 적은 없는데요?"

"수술하지 않아도 시간이 흐르면 접합이 됩니다. 그러나 원래 상태로 회복이 되지 않고, 인대 간 힘의 불균형으로 발목이 비정상적으로 변형되어 나중에 후유증이 심할 수 있습니다."

오호통재라. 병원에서는 의사의 말이 법 아니던가? 그 소리는 저승사자의 판결문 같았다. 등산을 좋아하는 아내와 봄 여름 가을

겨울 산행목록까지 만들어 놓은 터에 모든 것이 꿈이 되었다. 특히 올해는 아내와 결혼 25주년이 되는 특별한 해이다. 그래서 해외여행을 포함해 어느 곳을 여행하고 좋은 추억을 만들 것인지를 고심했다. 그 모든 것이 일장춘몽이 된 것이다.

그날부로 입원을 하고 부기가 빠지면 수술을 하자고 했다. 금요일이어서 어차피 주말에는 수술할 수도 없다. 아내를 병원에 남기고 방학으로 내려와 있는 아들과 집으로 향했다.

집에서는 어머니가 왕이다. 어려서 어머니가 없는 집은 집으로 여겨지지 않았다. 그것이 정 때문으로 알았으나 이제 생각해 보니 불편한 것이 가장 큰 문제였다. 아내가 없으니 우선 살림살이가 어디에 있는지 알 수 없었고, 세탁기를 어떻게 사용하는지도 몰랐으며, 우선 매 끼니 먹는 것이 문제였다. 밥하는 것, 조미료 위치, 보관 중인 음식 재료 종류와 위치와 유통기한, 가장 중요한 음식 요리 등 모든 것이 문제였다.

아들이 없었다면 라면이나 빵이나 외식으로 대충 때웠겠지만 그럴 수도 없어서 끼니마다 음식 당번이 되었다. 살려면 반드시 먹어야 하는 게 당연하겠지만 식사시간이 너무 자주 왔다. 평소에는 먹는 것이 가장 큰 즐거움 중 하나였지만 이젠 매 끼니 무엇을 먹어야 할지 큰 고민이 되었다. 엄마 걱정에 눈물을 글썽이는 아들에게 말해 주었다.

"엄마가 일을 너무 많이 했다. 결혼 이후 쉰 적이 없지. 너희가 굶은 적이 없다면 엄마는 하루도 제대로 쉰 적이 없다는 거다. 세상의 모든 엄마는 힘들다. 모두가 당연한 것으로 아는 그 당연함이 얼마나 큰일인지 알게 하려고, 그리고 잠시 쉬게 하려는 신의 배려라고 생각하자."

그렇다. 세상의 엄마들이나 아내는 단 하루만 없어도 그 빈 자리는 크다. 늘 하던 독서도 작문도 할 틈이 별로 없다. 머릿속은 온통 반찬 생각뿐이다.

다행히 부은 곳이 일찍 회복되어 월요일 수술을 하게 되었다. 생전 처음 병원에 입원해 봤다는 아내는 수술도 수술 후의 통증도 겁난다. 그래도 내게 걱정을 끼치지 않으려고 수술실에 들어가기 전에 큰소리로 씩씩하게 말했다.

"나, 갔다 올게."

"잘 다녀오소."

대답하는 내 목소리는 시원찮다. 힘들어도 잘 참으소. 남은 인생이 창창하니 산에야 다음에 가면 되고, 우선 치료나 잘해서 건강한 모습으로 살아갑시다. 당신의 소중함을 깨우치기 위한 신의 선물로 생각하고 앞으로는 더 사랑하리다. 수술 후 2주간의 입원과 몇 달의 목발 생활이 불편하더라도 어쩌겠소? 건강이 얼마나 소중한 건지 알게 된 것을 약으로 생각합시다. 힘내요!

2020. 2. 17.(월)

성공의 길

성공에 이르는 지름길은 없다.
특별한 비법도 없다.
있다면 좋은 습관이 있을 뿐이다.

- 조자룡 -

제1화
고향

열차와 버스를 갈아타며
두 손에
부모님 속옷이랑 과일바구니를 들고
소달구지가 다니는 울퉁불퉁한 신작로를 걷다 보면
반갑게 지저귀는 참새 소리,
참새를 쫓으려고 세워둔 허수아비는
마음씨도 너그럽게 미소짓는다.
아, 그리운 흙내음, 고향 내음
시냇물 소리도 낭랑한 산골 마을,
방죽 둑에서 한가로이 풀을 뜯는 송아지와
오랜만에 보고도 알아보고

달려드는 누렁이
고향의 내음이요, 소리요, 풍경이요, 맛이요, 느낌이다.
어머니의 뱃속에서 나왔기에 늘 그리운
어머니가 마음의 고향이듯
그 땅에서 나왔기에 언제나 보고 싶은
그곳, 고향은
생각만 해도 마음이 설렌다.

예전에 생각했던 중추절 고향의 모습, 향수입니다. 살기는 좋아졌지만, 고향 산천도 인심도 그리고 나 자신도 많이 달라져서 예전의 느낌은 들지 않습니다. 하지만 아이들은 그래도 할머니, 할아버지 생각에 밤잠을 못 자지요. 아이들에게 꿈을 주는 중추절이 되시기를 바라며, 가고 오는 길 안전하고 즐거운 여행 기원합니다.

2004. 9. 22.(수)
중추절을 맞아 지인에게

제2화
행운이란

행운이란
그때
그 자리에서
그 사람을 만나는 것이라지요.

자세히 생각해 보면
꼭 맞는 말입니다.

어떤 사람은
행운이라고 할 정도로 좋은 사람을
만난 적이 없다고 강변할 수도 있습니다.

그렇지 않습니다.
뒤집어 생각해 보면 알 수 있지요.

가난한 집에서 태어나서
가난한 사람의 고달픔을 알 수 있었고
돈의 소중함을
일찍 깨달을 수 있었습니다.

못된 선배를 만나서
후배에게 어떻게 해야 하는지를 알 수 있었고
독한 상관을 만나서
부하에게 해야 할 도리를
깨달을 수 있었습니다.

또한
좋은 동료나 친구가 있기에
우정이나 전우애의 소중함을 알 수 있었고
좋은 선생님이 계셨기에
바른 정신과 영혼을 간직할 수 있었습니다.

예컨대
좋은 사람이나 나쁜 사람이나

그 사람을 보고 배우는 점이 무엇이냐에 따라서
자신에게 행운이 될 수도
불운이 될 수도 있습니다.

내가 다른 누군가를 만나서 행운이었듯이
다른 사람에게도
나를 만나서 행운이었다는 것을
깨닫게 해야 합니다.

기분 좋지 않습니까?
행운을 나누어주는 사람

신도 아니고
부와 명예도 소유하지 않았지만
주변 사람에게 항상 보탬이 되고
행운을 가져다주는 사람이라는 것이.

무장대대 사람 모두
주변 사람으로부터 많은 행운을 얻고
또한
주변 사람에게 더 많은 행운을 나누어주는 사람이 되기를
소망합니다.

매일 매일 행복하시고요.

행운을 나누어주는 아빠,

남편,

상관,

전우,

그리고 부하가 되시기를.

2005. 4. 7.(목)
대대장 영상편지

제3화 중추가절

세상이 온통 누렇게 변하는 계절
가을이 오면
생각나는 것이 있습니다.

찢어지게 못 살던 시절
먹을 것이 없어 굶는 것을 밥 먹듯 하고
입을 것이 없어 형들이 입던
남루한 옷을 물려 입고
신는 것이라곤 외 벌 검은 고무신 한 켤레가
전부이던 그 시절
그래도 마음만은 풍요로운 시절이었습니다.

먹을 것이 없기에 먹을 것이 생기면
마냥 즐거웠고
입을 것이 없기에 1년에 한 번이라도
새 옷을 선물 받으면 온 천하를 얻은 듯하였으며
누가 신던 운동화라도 한 켤레 물려주면
일부러 온 동네를 쏘다녔습니다.
누가 혹시 보아주지 않을까 하는 마음에.

새 옷과 새 신을 입고 신고 싶은 마음에
쌀밥과 고깃국과 떡과 과일을 먹고 싶은 마음에
혹시 객지 나갔던 형과 누나가
사 올지도 모를 선물을 기대하는 마음에
밤잠도 설쳐 가며 기다렸던 명절,
어릴 적 걱정 없이 천진난만하게 살았던
그 시절이 그립습니다.

사람의 마음이
순수하지 않다는 것을 안 순간,
돈이 없는 사람은
명절이 오히려 쓸쓸해진다는 안 순간,
수확할 것이 없는 사람은
가을이 두려워진다는 것을 안 순간,

이미 순수했던 마음은 사라지고
마음은 고향을 그리지만
명절을 기다리는 마음은 간 곳이 없습니다.

돌아가도 싶어도 돌아갈 수 없는
어린 시절,
가난했지만 소박한 꿈이 있었던 어린 시절,
놀이기구가 없었지만
온 천하가 다 놀이터였던 그 시절이
사무치게 그립습니다.
꿈도 꾸지 않았던 골프를 하면서도.

세상이 바뀌고 세월이 흘렀지만
그래도 우리의 아이들은
우리가 어릴 적 했던 생각을 하는 것 같습니다.
자녀가 어른이 되어
회상할 것이 많아지도록
이제는 의미가 많이 줄어든 명절이지만
유쾌하고 보람 있는 시간 보내시기를.

2005. 9. 12.(월)
대대장 영상편지

제4화
좋은 소식 전해 드립니다

필승! 방위청에 근무하는 김○○ 대위입니다. 월요일부터 저에게 좋은 소식이 있어 연락드립니다. 김○○ 주니어 2세가 결혼 만 6년 만에 생겼습니다. 그동안 선배님의 걱정과 기도가 지금에야 반응을 보인 것 같습니다. 감사합니다.

현재 14주를 넘겼습니다. 큰 고비는 거의 다 넘긴 것 같으나 아직 아내가 입덧이 심해 연락을 못 드렸습니다. 현재 계획이라면 내년 5월이 출산 예정일입니다. 이 소식을 통해 한 주 시작이 기분 좋게 했으면 좋겠네요. 감사드리고 늘 건강하십시오. 필승!

〈 답 글 〉

기쁜 소식 잘 받았네. 세상은 정말 만만한 것이 아니라서 누구나 할 수 있고 하는 일도 막상 자신이 하려고 하면 쉽지 않다는 것을 알게 되네. 마치 큰 산을 오르기도 어렵지만 작은 산을 오를 때도 힘들게 느껴지는 것처럼 말일세. 어렵게 얻은 행운 정말 축하하네.

같이 근무했던 전우가 고민하는 모습을 보면서 안타까웠다네. 이○○와 노○○이는 조기 해결을 하였는데 한 명 남은 자네도 걱정거리를 해결한 것을 축하하네. 힘들게 얻은 자식인 만큼 자네보다도 훨씬 더 고민하고 고통스러운 세월을 보냈을 자네의 사랑하는 아내에게 남편으로서의 책무와 도리를 다하기를…….

이 세상이 남자가 살아가기에도 힘든 것이 사실이지만 아직은 여자가 살아가는 것이 더 힘들다는 것을 아마 자네가 더 잘 알 걸세. 자네가 가장 기쁜 일이 있을 때 가장 기뻐하며 슬프거나 고통스러운 일이 있을 때 가장 아파하는 사람은 이제는 어쩔 수 없이 운명 공동체가 되어버린 바로 자네의 아름다운 아내일세. 외모가 아름다워서 아름다운 것이 아니라 이 세상에 오직 하나, 완벽하지 못한 남편을 의지하고 믿고 따르며 함께 만든 자식을 위하여 헌신 봉사하는 아내는 여자이기에 아름다운 것이 아니라 아이의 어머니이기에 아름다운 것이라네.

바로 예전의, 아니 현재도 살아 계시지만 우리의 어머니처럼 말일세. 미욱한 놈이라서 살면서 늘 깨닫는 게 많은데 여자에 관해서는 두 가지를 깨달았네.

'여자는 존중받아 마땅하다. 왜냐하면, 그녀가 현재 어머니이거나 미래의 어머니이기 때문이다.'

'이혼이란 한 남자에게는 아내를 잃는 것이지만, 자식에게는 자식 수만큼의 어머니를 잃는 것이다.'

어느 책에서 읽은 내용이 아니라 스스로 만든 말이라네. 공교롭게도 어떤 사람이 이미 사용한 말이라면 어쩔 수 없지만. 정말 지금 생각해 보아도, 아니 언제 그 영상을 떠올려도 가슴이 아려오고 목메지 않는가? 바로 우리 어머니의 옛 모습을 생각하면. 인간 대접도 받지 못하고, 먹지도 입지도 즐기지도 못하면서 오직 자식의 건강과 성장만을 지켜보면서 살아오신 어머니, 다른 것도 참을 수 없는 것이 많이 있지만, 어머니를 모독하고 무시하는 것은 참을 수 없다네. 배운 것 없고, 아름다운 외모도 아니며, 흰머리와 패인 주름살이 얼굴 가득하고, 손과 발은 딱딱하게 굳어 부드러운 면이라고는 없지만, 그래도 자식에 대한 사랑만큼은 세상의 누구보다도 아니 만약 신이 존재한다면 신보다도 더 크고 위대하신 분이니까.

그 어머니는 우리의 어머니였지만, 우리 자식의 어머니는 바로 우리의 아내이며, 주변에 있는 아주머니라네. 그들을 무시하고 멸시한다면 그들의 자식이 용서하지 않겠지. 어렸을 적에 '엄마 찾아 삼만리'란 책을 읽은 적이 있네. 책의 주인공 이름은 잊었지만, 주인공이 엄마 이름도 모르면서 엄마를 찾아 헤매는데 엄마가 누구냐는 질문에 답한 말이 기억난다네.

"우리 엄마는 세상에서 가장 아름다운 분입니다."

실제로 가장 아름다운 사람일 수도 있으나 아마도 그 주인공에게는 가장 아름답고 소중한 사람이겠지.

머지않아 태어날 자네의 2세와 더불어 세상에서 당신을 가장 사랑하며 당신이 가장 사랑할 아내를 위하여 정신적으로 육체적으로 물질적으로 할 수 있는 모든 일을 당연하게, 지속해서, 꿋꿋하게 수행하는 가장 멋진 남편, 아빠가 되기를 바라네.

소식 주어서 고맙고, 당신에게는 가장 아름다운 여자일 터인 제수씨에게도 안부 전해주게나. 즐겁고 행복한 오늘 하루와 연말연시를 보내시기를…….

2006. 11. 27.(월)
후배 장교의 임신 소식에 대한 답신

제5화 좋은 사람

그리우면 그립다고 말할 줄 아는 사람이 좋고,
불가능 속에서도 한 줄기 빛을 보기 위해 애쓰는 사람이 좋고,
다른 사람을 위해 호탕하게 웃어 줄 수 있는 사람이 좋고,
자기 부모 형제를 끔찍이 사랑할 줄 아는 사람이 좋고,
바쁜 가운데서도 여유를 누릴 줄 아는 사람이 좋다.

노래를 썩 잘하지 못해도 즐겁게 부를 줄 아는 사람이 좋고,
어린아이와 노인에게 좋은 말벗이 될 수 있는 사람이 좋고,
책을 가까이하여 이해의 폭이 넓은 사람이 좋고,
음식을 먹음직스럽게 잘 먹는 사람이 좋고,
철 따라 자연을 벗 삼아 여행할 줄 아는 사람이 좋고,

손수 따뜻한 커피 한잔을 탈 줄 아는 사람이 좋고,
하루 일을 시작하기에 앞서 기도할 줄 아는 사람이 좋다.

때에 맞는 적절한 말 한마디로 마음을 녹일 줄 아는 사람이 좋고,
외모보다는 마음을 읽을 줄 아는 사람이 좋고,
적극적인 삶을 살아갈 줄 아는 사람이 좋고,
자신의 잘못을 시인할 줄 아는 사람이 좋고,
용서를 구하고 용서할 줄 아는 마음을 가진 사람이 좋고,
아침 이슬을 좋아해 일찍 눈을 뜨는 사람이 좋고,
남을 칭찬하는 데 인색하지 않은 사람이 좋고,
춥다고 솔직히 말할 줄 아는 사람이 좋고,
어떠한 형편에서든지 자족하는 마음을 가진 사람이 좋다.

같이 있으면 편안하면서도 즐거운 사람이 좋고,
떨어져 있으면 그리운 마음과 추억하게 하는 사람이 좋고,
만날 때 반가워하고 헤어질 때 아쉬워하는 사람이 좋고,
생각날 때마다 전화해 주는 사람이 좋고,
어려움을 솔직하게 편지로 토로하는 사람이 좋고,
먼 길 마다하지 않고 이유 없이 찾아오는 사람이 좋다.

2008. 5. 24.(토)

제6화
기적을 바라보며

 2008년 11월 5일, 이날은 역사적으로 특별한 날로 기억될 것이다. 200년의 짧은 역사로 역사상 최고의 문명과 번영을 이룬 세상에서 유일무이한 나라, 민주와 자유를 외치며 세계의 경찰국가임을 자임하는 나라, 기회의 땅이자 꿈이 있는 곳이라고 자부하는 나라, 그러나 빈부의 격차가 심하고 보이지 않는 인종차별이 극심하며 불과 143년 전까지는 노예제가 유지되던 나라 미국, 세계의 리더를 자부하며 인권을 강조하던 나라가 진정한 민주국가, 평등국가로 거듭나던 날이다.

 종교의 자유를 찾아서 영국을 떠났던 일단의 앵글로색슨족, 그들이 당도한 아메리카는 분명 자유가 보장되던 신천지였으나 아이러니하게도 자신들의 생존과 자유를 위하여 선주민을 억압해야

했던 나라, 부의 축적을 위하여 피부색이 검은 사람들을 노예로 부리는 데 주저하지 않았던 나라, 그들이 주장하던 자유와 평등과 인간존중은 오직 피부색이 흰 사람만의 전유물이었던 나라, 변하지 않을 것 같던 그 불평등의 역사가 흔들리던 경제위기 앞에 인정하기 싫은 역사를 이루어냈다.

아프리카를 떠난 후 400년 만에야 피부색이 검은 사람들이 진정으로 인간으로 인정받는 시대가 되었다. 불가능할 것 같았던 역사를 만들어 낸 사람은 아직 40대인 아버지가 케냐 사람이고 어머니가 캐나다인인 미국의 비주류 오바마 그 사람이었다.

암울하고 희망이 없던 어린 시절을 보냈으나 한 목사의 연설에 감명받아 새로운 인생을 갈구하였으며 인종이 인생을 결정한다는 생각을 고쳐 세상을 바꾸겠다는 신념으로 흑인 인권운동에 뛰어든 끝에 수십 년 전 마틴 루서 킹 목사의 꿈이었던 '피부색이 아닌 인간의 특성으로 평가받는 세상'을 열었다.

개인적으로는 오바마의 성공이고 인종적으로는 흑인의 승리였지만 진정한 승자는 그들을 지지한 모든 종족, 미국인이었다. 그들이 아무리 인권과 세계평화와 질서를 부르짖어도 인류는 그들을 믿지 않았지만(그들의 과거 역사를 견주어), 이제는 최소한의 국제적인 지도자 정신을 갖추었다. 세계의 소수 민족과 인권운동가를 감동하게 한 쾌거였고 믿기지 않는 기적이었지만 그러나 이제 또 다른 시작이다. 그를 지지한 사람들의 생각이 다 같은 것도 아니고 그가 신이 아닌 이상 모든 사람의 생각을 만족시켜 줄 수는 없기에 더 큰 시련과 난관이 곳곳에 도사리고 있을 것이다.

기적이야 한국에서 먼저 이루지 않았는가? 상고에 검정고시 출신이며 재산이나 사회적 후원 없이 혈혈단신으로 살아온 시민운동가 출신인 서민 노무현의 신념, 그 하나를 보고 대한민국 대통령으로 선출하지 않았던가? 대통령이 되기 전이나 후에도 초지일관 바뀐 것은 없었고 다른 권력자처럼 축재나 비리 부정을 저지르지도 않았건만 비주류의 득세에 질투라도 하는 것처럼 많은 사람이 등을 돌리지 않았던가?

아니, 사실은 인간 노무현을 지지하는 사람조차 국정운영이라는 큰 틀을 이해 못 하고 지지를 철회하였다. 시민 운동할 때 했던 말과 행동을 유지하지 못한다는 유치한 발상으로 말이다. 어떻게 민주사회를 위한 변호사 모임의 노무현과 대통령 노무현의 말과 행동이 일치할 수 있는가? 개인과 국가를 대표하는 사람의 생각은 같을 수 있어도 행동은 같을 수 없다는 것을 이해하지 못 하는 사람은 많다.

못 가진 자의 믿기 어려운 인생 역전은 많은 사람에게 큰 감동을 주지만 지속시키기는 어렵다. 역사에 기록될 전율적인 감동과 승리에 대한 환희와 쾌감을 가라앉히고 이제 도전자로서가 아닌 지도자로서 거듭나야 한다. 아무리 훌륭하고 똑똑한 인간도 전지전능한 신이 아닌 이상 모든 사고와 판단이 반드시 옳은 것은 아니다. 신념이 변치 않아야 한다고 하지만 너무 극단적으로 적용하고 급격한 개혁을 진행한다면 많은 사람이 돌아서고 앞날은 어두

워질 것이다.

아무것도 갖지 못했을 때는 두려울 것이 없었겠지만 많은 것을 가진 지금은 진정 두려워해야 한다. 사고도, 판단도, 결정도, 추진도. 지도자가 가져야 할 덕목은 무수히 많지만 가장 중요한 것은 포용과 관용과 배려와 조화이기 때문에. 새로운 희망을 쏘아 올린 흑인 오바마의 미래를 기대한다.

2008. 11. 6.(목)
오바마 대통령 당선에 대한 감상

제7화
단상(斷想)

해마다 이맘때가 되면
미루나무 가지에 앉아 울어대는
까치 소리를 들으며
객지에 나간 아들딸들이
이제나저제나
큰길로 오려나 지름길로 오려나
신작로를 바라보다 고개 위도 바라보다
저 멀리 점같이 움직이는 모습만 발견해도
반가운 마음에 한달음에 달려가지만
쏜살같이 뛰어가는 누렁이에는 늘 뒤진다.
자식을 먼저 맞으려는 경쟁에서는 뒤졌지만

시커멓게 그을린 주름진 얼굴은
세상에서 가장 행복한 미소로
자랑스러운 아들딸들을 맞는다.
일 년에 한두 번 찾는 고향길이건만
모습이며 발소리를 기억하는
누렁이가 신통하여 엉덩이를 툭 쳐 준다.
누이는 괜스레 쑥스러워
하늘을 바라보다 땅을 바라보고
막둥이는 사탕이며 과자 먹을 생각에 신이나
큼지막한 보퉁이를 낚아채어
툇마루에서 짐을 푼다.
새하얀 면 내복을 바라보며
비싼 걸 무에 사 왔냐고 타박을 하시면서도
어머니는 시종 미소를 지우지 못한다.

    아주 오랜 세월이 흘렀어도 동심이 흐뭇했던 예전의 설 풍경이 눈에 선합니다. 정정했던 부모님이 연로하시고 신작로는 포장도로가 되고 미루나무 잘려나간 자리에는 가로수가 들어섰지만 그래도 언제나 그리운 고향 모습입니다.
    치열한 경쟁과 불확실한 미래에 대한 걱정으로 아무 생각 못 하고 정신없이 살다 보니 흐르는 건 시간뿐입니다. 홍안의 소년이 굵은 주름살로 채워지고 검은 머리는 반백으로 변했습니다. 흐르는 세월을 야속하다 하지 말고 어제도 돌이켜보고 오늘 하루도 온전히 즐겨야 하겠습니다.

마음은 항상 바쁘고 오고 가는 정은 줄었지만 먼 훗날 우리의 아이들이 또한 나이 들어 아름다운 추억을 되새길 수 있도록 맛깔스러운 먹거리와 훈훈한 인심을 마음껏 느낄 수 있는 따뜻한 설이 되시기를 소망합니다.

2009. 1. 22.(월)
지인에게 구정 안부 인사

제8화
닉 부이치치와 김연아의 도전

안녕하십니까? 사람을 사랑하고 사랑하려고 노력하는 사람이지만 지금은 항공기도 못지않게 사랑하는 정비과장입니다. 오늘도 일선에서 야전에서 아직도 쌀쌀한 날씨 속에서 주어진 임무를 수행하느라 고생이 많았지요? 아마 모든 사람이 그렇겠지만 지나온 과거도 힘들었던 부분이 많았고 오늘을 살아가는 것도 만만치 않은 것이 삶이 아닌가 생각합니다. 어제도 오늘도 내일도 쉽지 않은 삶임이 분명하지만, 또 즐거움과 기쁨과 희망과 꿈이 있을 것으로 믿기에 어려움을 견디어 낼 수 있습니다.

오늘은 우연히 인트라넷에 게재된 '최신정보'『특별 영상교육 자료』를 클릭하게 되었습니다. '닉 부이치치와 김연아의 도전'이라는 동영상이었는데, 정말 감동하였습니다. 어렵게 살아가는 사람들이 있을 것으로 짐작은 하였지만, 정말 고통스럽게 인내하고 극복하며 희망과 꿈을 이루어가는 사람들이 있다는 데 대하여 전율하였습니다.

　닉 부이치치는 태어날 때부터 장애인이었습니다. 팔다리가 없는 상태로 태어난 것이지요. 무언가 세상을 조금씩 이해하게 되는 나이가 되면서 다른 사람과 같이 살아갈 수 없는 현실을 깨닫게 되었고 삶의 의미와 존재 가치를 잃어버렸습니다.
　팔과 손과 다리가 없는 상태에서 할 수 있는 일이란 아무것도 없었지요. 아니 없다고 생각했습니다. 그렇지만 주위 사람의 도움을 받으면서 불가능할 것 같았던 일을 하나씩 이루어가게 됩니다. 보통 사람과 같이 초등학교 중학교 대학교도 나오게 되고 지금은 희망전도사로 강연 활동을 하고 있더군요.
　강연 도중에 닉 부이치치는 길을 가다가 쓰러질 때도 있다면서 무대에서 일부러 쓰러집니다. 그러면서 팔다리가 없어서 일어날 수 없다면서 어떻게 하면 좋겠냐고 묻지요. 그리고 다른 사람의 도움 없이 일어나는 모습을 보여줍니다. 머리를 땅에 기대고 온몸을 비틀어서 일어납니다. 그리고 말합니다.
　"포기하면, 시도하지 않으면 절대 일어날 수 없다. 아무리 힘들어도 고통스러워도 스스로 해내야 한다."
　손이 없어서 어떻게 먹느냐고요? 남 보기에는 좀 그렇지만 개처럼 그릇에 머리를 박고 입으로 음식을 먹지요. 그래도 개는 아닙니다. 그에게는 개에게 없는 꿈과 희망과 삶의 기쁨이 가득하기 때문이지요.

어렸을 때 미국의 피겨선수 미셸 콴이 되고 싶었다는 김연아. 하고 싶어서 시작했고 주위에서 유망하다는 말에 희망과 꿈을 안고 훈련을 하지만 고단한 연습, 연습의 끝없는 반복에 운동하는 로봇 같은 지독한 회의감과 고독에 몸부림칩니다.

밧줄에 몸을 묶고 하는 점프 연기에 허리와 골반은 늘 상처투성이였고 빙판에 하루에도 수십 번 수백 번 쓰러질 때는 뼈가 으스러지는 듯한 육체적 고통보다도 할 수 없을 것 같다는 절망감에 마음이 더 아팠습니다. 그러나 한국인 최초로 동계 올림픽 피겨에서 메달을 따고 싶다는 강렬한 욕망과 꿈이 있었기에 일어설 수 있었습니다.

여러분도 보았지요? 아름답고 우아하고 자연스럽게 연기하던 환상적인 모습을. 여성 피겨를 한 단계 높였다는 세계인의 평가로 지친 대한민국 국민의 마음에 힘을 불어넣은 김연아! 한 마리 백조처럼 우아하게, 질주하는 적토마같이 강렬하게, 포효하는 호랑이같이 카리스마 넘치는 표정으로 모든 관중을 사로잡은 김연아!

시련을 인내하고 난관을 돌파하고 역경을 극복하고 모든 사람에게 기쁨과 희망을 안겨준 두 사람! 두 사람같이 ○○비 군수전대 전우 여러분 모두 현존하는 여러 장애물을 슬기롭고 과감하게 돌파하고 전우 여러분 개인의 희망과 꿈을 펼쳐가기를 바랍니다.
닉 부이치치의 말이 가슴에 꽂힙니다.

"포기하면, 시도하지 않으면 절대 일어나지 못한다."

2010. 3. 19.(금)

제9화 군대 생활

군대 생활은 결코 허송세월이 아닙니다. 모두에게 소중한 인생에서도 가장 즐겁고 아름다운 시기인 청춘, 그 청춘의 한 가운데 2년을 군대에서 보낸다고 해서 아쉽게 생각하거나 안타까워할 필요는 없습니다. 누구나 하는 군대 생활이니 자신의 노력 여하에 따라서는 인생에 대한 투자가 될 수 있고 다른 사람보다 앞서나갈 수 있습니다.

사회에서는 신분이나 재산 학력에 따라 차별받지만 가장 차별받지 않는 생활이 바로 군대 생활입니다. 군에서는 지역이나 재산, 학력, 종교, 가치관에 따라 차별하지 않습니다. 대한민국에서 가장 평등한 사회라고 할 수 있을 것입니다. 누구나 성실히 일하고 열심히 노력하면 대우받을 수 있으며, 몸 건강하고 축구 잘하면 인정받을 수 있습니다. 사회 어디에서도 지금 만나고 있는 전우와 만날 수 없습니다.

사회는 끼리끼리 사회지요. 가족이나 동문, 같은 종교인끼리, 취미가 같은 사람끼리 어울려 살아가게 마련이지요. 지역도 다르고, 학력도 재산도 신체조건도, 종교나 철학이 다른 사람과 어울려 살 수밖에 없는 곳이 바로 군대입니다. 사회에 대한 적응력을 최대한 키울 수 있는 곳이지요.

군에서 전우와 잘 적응해서 보람있게 군 생활을 하였다면 사회에 나가서 어떤 사람과도 잘 어울려 살아갈 수 있습니다. 같은 2년의 군 생활을 하지만 결과는 같을 수 없습니다. 매일 팔굽혀펴기하고 달리기 한 사람은 건강하고 튼튼한 몸으로 제대할 것이고, 매일 영어 단어를 외웠던 사람은 영어 실력이 향상되어 제대할 것이며, 시간 나는 대로 독서 했던 사람은 마음의 양식을 얻어 제대할 것입니다. 군에 입대하기 전에 다짐했던 것이 무엇인지 다시 한번 되새기고 시간이 흐름에 따라 나태해진 모습은 있지 않은지 되돌아보는 시간이 필요합니다.

내가 사는 오늘 하루가 보람 있었다고 생각하면 보람 있는 삶을 산 것이고 허송세월이었다고 생각하면 인생의 소중한 부분을 낭비한 셈입니다. 군대 생활도 초등학교나 중학교 대학교처럼 내 인생을 위한 투자라고 생각하십시오. 분명히 군에서 깨닫고 얻는 것도 있으리라 생각합니다. 대한민국 국민이 이익에 따라 다툼이 있는 건 사실이지만, 어떤 위기에서 단합할 수 있는 저력은 비슷한 시기에 비슷한 장소에서 비슷한 방법으로 시련을 견디었던 군 생활도 한몫한다고 생각합니다.

술 마시고 다투다가도 군대 얘기, 축구 얘기를 하면 뒷전에 물러나 있던 사람까지 가세해서 금방 어우러지지요. 가난한 사람도 못 배운 사람도 어렵게 살아가는 사람도 대한민국 사람은 공감할 것이 많습니다. 주변 사람과 국민의 대부분이 함께 공감할 수 있는 부분이 많다는 것은 세계에서도 경쟁력이 강할 수 있는 우리의 장점입니다. 현재 생활이 자신의 계획대로 살아가고 있는지 뒤 짚어 보고 새로운 각오를 하면서 살아가기 바랍니다.

덧붙여 이야기하자면 이스라엘 사람, 유대인이지요. 개인적으로 유대인을 좋아하지는 않지만, 그들은 특별한 사람입니다. 국가 없이 2000년을 살아오면서도 민족과 언어를 지킨 사람들이지요. 전 세계적으로 유일한 민족입니다. 그들은 남자도 여자도 의무복무제입니다. 그들은 제대하면서 특별한 의식을 한답니다. 제대 후 바로 사회에 복귀해서 생산 활동을 하는 것이 아니라 세계 여행을 떠난다네요. 물론 의무는 아닙니다.

많은 사람이 전역하면 돈 많은 사람은 아메리카 종주를, 돈 없는 사람은 동남아시아 횡단을 한답니다. 2년 동안 걸어서. 캐나다에서 칠레까지, 말레이시아에서 네팔까지 여행한다지요. 군 생활하면서 번 돈으로 말이지요. 저도 젊은이라면 꼭 해 보고 싶은 일입니다. 말과 문화가 다른 세계를 경험하면서 세상을 배우고 자신을 연마하는 것이지요.

돈이 풍족하지 않기 때문에 주로 걸어서 이동하고 돈이 떨어지면 현지에서 아르바이트해서 생활한답니다. 여행이 2년이나 걸리는 이유지요. 군 생활이 허송세월이 아니듯 세계 여행 2년도 허송세월이 아닙니다. 똑똑하다는 유대인이 왜 세월을 낭비하겠습니다. 세상을 더 알고, 다른 민족의 삶도 공감하고, 젊어서 고난도 이겨 보고, 그런 게 인생의 중요한 자양분이 된다는 생각에서겠지요.

의학의 발달로 100년을 살게 되는 우리 젊은이도 너무 조급하게 생각해서는 안 되겠습니다. 초등학교 6년의 공부는 아깝지 않고 군 생활 2년, 세계 여행 얼마간은 아깝다고 생각해서는 안 됩니다. 긍정적으로 생각하고 몸으로 부딪쳐서 깨달아야 합니다. 참고로 군대 갔다 오지 않은 사람은 남들 군대 얘기할 때 무슨 말을 할까요. 무슨 말을 하더라도 잘 공감이 되지 않고 본인도 허망할 것입니다.

오늘도 아름다운 청춘을 살아가는 병사 여러분, 많이 뛰고, 많이 읽고, 많이 어울리고 소중한 시간을 잘 활용해서 더욱 단단하고 튼튼한 체력과 건전하고 향기로운 영혼을 만들어서 사회에 나가면 무슨 일이든 도전해서 극복하는 강력한 대한 남아, 사나이로 살아가길 바랍니다. 도전이 젊은이만의 전유물은 아니지만, 젊은이에게는 특권입니다.

2011. 2. 21.(월)

제10화
멈추지 마, 꿈부터 써 봐

○○창 생산 과장 조자룡 중령입니다. 연일 새로운 분위기에서 업무에 적응하느라 노고가 많지요? 늘 새롭게 깨닫는 거지만 세상을 살아가는 것이 정말 만만치 않습니다. 지휘관이 바뀌어서, 새로운 직책에 적응하느라, 그리고 업무 조정으로 새로운 일을 처리하노라면 그저 멍청한 머리와 부족한 체력에 절로 한숨이 나오고 자탄하고 자학하게 됩니다.

정주영도 말했고 오바마도 말했지만, 세상의 모든 일은 할 수 있습니다. 신이 아닌 인간이 이룬 일이라면 누구라도 할 수 있다고 생각합니다. 다만, 하고자 하는 의지가 있고 어떠한 일이 있어도 포기하지 않는다면.

책을 읽다 보면 깨닫는 바가 많습니다. 김수영이라는 여자가 있습니다. 2010년에 서른이었으니까, 이제 서른둘이겠네요. 전남의 시골 중학교 재학 중 다른 사람보다 끼와 깡이 좀 세다 보니 선생님에게 찍혀서 중학교 중퇴를 하고, 눈물의 세월을 보내다가 어머니의 간청으로 검정고시로 중학교를 통과하고, 대학진학을 원하였으나 중학교 담임선생님의 권유로 실업계 고등학교에 진학하여, 남들은 아무도 인정하지 않았으나 대학진학의 일념으로 혼자서 입시공부를 하였고, 대입 학력고사가 끝난 후 학교에서 어렵게 준비한 골든벨에 나가서 실업계 학교 최초로 골든벨을 울린 여자입니다. 곧이어 연세대에 합격하게 되지요.

당찬 여자지요? 골든벨을 울린 걸 계기로 후원의 물결이 넘쳤고 삼성전자에서 졸업 후 취업을 조건으로 4년 동안 장학금을 후원하여 등록금 문제를 해결하고 과외 선생을 하며 생활비를 마련하였습니다. 그렇지만 당돌한 이 아가씨는 삼성전자를 마다하고 당시 금융계의 최고봉 미국 골드만삭스 회사에 입사합니다. 삼성전자에서 후원받은 돈은 도로 갚고서요.

순탄하게 풀리는 인생에서 갑자기 청천벽력 같은 소식을 듣게 됩니다. 건강검진에서 암세포가 존재한다는 이야기를 듣게 되지요. 놀랐겠지요? 그렇습니다. 저도 암으로 의심되는 증상으로 당시 의사의 진단을 받기도 전이었지만 엄청난 충격에 휩싸였던 적이 있습니다. 저는 개인적인 판단이었고 수영이는 의사의 진단 결과였기에 충격의 강도가 더 컸었을 것으로 생각합니다.

울며불며 고통스러워하면서도 갑자기 삶의 소중함을 절실하게 깨달아 죽기 전에 하고 싶은 일을 적어 나가게 됩니다. 수영이가 개인적으로 죽기 전에 하고 싶은 일 73가지를 말입니다. 결국, 수술이 잘 되어 살아납니다. 그리고 심각하게 고민을 하게 됩니다. 73가지의 꿈 중에 첫째가 한국에서 태어나 인생의 3분의 1을 살았으니, 다음 3분의 1은 전 세계를 돌아다니며 살고, 나머지 3분의 1은 가장 사랑하는 곳에서 살기, 바로 이것이었습니다.

꿈을 이루기 위해서는 이제 한국을 떠나야 했습니다. 그래서 떠났습니다. 1년간 골드만삭스에 다니면서 번 돈을 털어서 영국 런던으로 떠났지요. 충분히 상상이 가는 일이지만 그때부터 갖은 고생을 다 하며 취직도 하고 죽기 전에 하고 싶다고 적었던 일을 하나하나 실천하기 시작합니다.

저도 살아오면서 영어나 운동 등 어떤 분야에서 1등이 아니라는 건 인정했어도 종합적인 인간으로는 누구에게도 지지 않는다는 혼자만의 오기나 자존심으로 살아왔지만, 조금 기가 죽지 않을 수가 없습니다. 대견하기는 하지만 그래도 진다는 생각은 없습니다. 제가 젊었을 때는 '걸어서 지구 세 바퀴 반'을 쓴 한비야도 없었고, 꿈을 적어야 이루어진다고 누가 알려주는 사람도 없었으니까요.

스물다섯에 꿈 73가지를 적고 서른 살인 2010년까지 이미 이루었거나 현재진행형인 꿈은 자그마치 32가지입니다. 성공한 것에는 부모님 집 사드리기와 스페인어 배우기 등이 있고 앞으로 해야 할 것에는 에베레스트와 킬리만자로 등산 계획이 있습니다.

좀 멍청한 계획 같지요? 에베레스트는 알다시피 8000m가 넘는 세계 최고봉으로 의지와 열정만이 아닌 신체적인 조건과 끊임없는 노력이 동반되어야 하는 전문 산악인의 꿈입니다. 허망한 상상으로 보이지만 제가 보기에는 충분히 이룰 것 같습니다. 남자도 아닌 가냘파 보이는 여성 수영이지만, 바로 그 수영이기 때문에.

오늘도 알 수 없는 고민으로 고통스러울 수 있지만 다소 어렵더라도 극단적인 한 가지만은 생각하지 마시기를……. 아 힘들다, 오늘이 빨리 지나갔으면 좋겠다. 힘든 오늘이 빨리 지나가길 원하는 것은 유한한 생명체인 자신이 빨리 죽고 싶다는 거지요. 건강을 위하여 음식 조절이다 운동이다 하면서 빨리 죽고 싶다는 것은 자기모순 아닙니까? 일이 많아도 직업 없는 사람 생각하면 행복해지고, 또한 일이 많다는 것은 중요한 부서에 있다거나 본인이 능력이 있다는 것이겠지요.

요컨대 세상만사는 자기 생각하기 나름이지요. 환경이나 주변 사람의 영향은 없습니다. 어떤 상황이나 문제가 생겨도 그 상황이나 문제가 결과적으로 나에게는 도움이 될 수도 있으니까, 행복하다고 생각하면 행복합니다. 그러니 항상 행복하시길 바랍니다.

세상은 생각보다 좁고 센 놈은 의외로 많습니다. 마음만 먹으면 외국에도 쉽게 갈 수가 있고, 잘 나가는 사람을 만날 수도 알 수도 있으며, 이제까지 만난 사람이 강적이라고 생각하고 있었으나 강적보다 더 강한 사람을 만나게 되지요. 그러니 강적을 만나더라도 두려워 말고 극복하고 이겨 나가야 합니다. 그 강적은 아마 당신의 단련을 위해 등장한 작은 장애물일 것입니다.

　김수영이 쓴 책을 보고 죽기 전에 하고 싶은 일을 적어보았으나 남 보이기에 좀 부끄럽습니다. 그래도 가장 늦은 순간이 가장 이른 결단이란 말을 믿고 적어서 가끔 들여다보고 있습니다. 주로 소시민적 희망이지요. 그러나 만약 20대나 30대였다면 좀 더 크고 넓고 긴 꿈을 갖게 되었을 겁니다. 이제라도 하고 싶은 일을 적으십시오. 쓰면 이루어집니다. 그리고 진중 문고로도 나왔으니 올해에는 꼭 한 번 읽어보시기 바랍니다. 당돌한 여자 김수영이 쓴 '멈추지 마, 다시 꿈부터 써봐'를.

2012. 1. 16.(월)
지인에게 도서 추천

제11화
부산

 오늘은 3월 1일, 연휴 끼지 않은 하루 휴일이다. 출근하여 일할 것인가 부산 시내를 돌며 바람을 쐴 거나 그도 저도 아니면 귀찮은데 집에서 책이나 읽을까, 고민하다가 점심을 챙겨 배낭을 메고 집을 나섰다. 아직 보지 못한 세상을 훑어보자. 남포에 내려 영도를 한 바퀴 돌자. 절영해변부터 중리해변, 태종대까지…….

 전철을 타고 가다 보니 남포 다음이 자갈치 시장이라는 데 부산에서 근무하는데 자갈치 시장도 한 번 가보자. 자갈치 시장을 돌아보니 세상 사는 사람의 모습이 보이더라. 냄새나고 시끌벅적하지만 저마다 주어진 인생을 주연으로 살아가고자 땀 흘려 노력하는 사람이 모였더라. 생전 처음 보는 생선, 사람 머리통만 한 게도 있더라. 가게 아주머니한테 태종대까지 걸어가려면 얼마나 걸리는지 묻자 "걸어서 못 가요. 엄청 멀지라." 해병 전우회가 보여 길을 묻자 영도다리를 건너 계속 가면 나오는데 두 시간 남짓 걸릴 거란다.

등산하면 일고여덟 시간도 걷는데 걸어가자. 다리를 건너고 길을 물어 절영해변에 다다르자 시내의 번잡함과 지저분함이 가시고 맑고 투명한 바다와 잘 조성된 산책로가 나왔다. 하늘이 쾌청하지는 않았으나 갯벌이 없고 기암괴석으로 이루어진 해안이 절로 신명이 나게 한다. '나오길 잘했지. 암, 일도 책도 중요하지만, 세상을 보고 느끼는 것이 훨씬 중요하지.' 걸어 걸어 열두 시가 되어 도착한 중리해변, 흠 정말 멋지구나. 끝이 보이지 않는 수평선과 해안의 절경을 보니 절로 시심이 떠오른다.

해변에서

부산 영도의 중리해변에서 바다를 바라본다.
끝이 보이지 않는 아득한 수평선
기암절벽이 절로 호쾌함을 일으킨다.
대자연의 경관, 경이라지만
우주 전체로 보면 티끌과도 같을 터
그 티끌의 만분의 일 땅으로 다투고
그 티끌의 억분의 일 이익을 위해 다툰다.
젊은이여 떠나라!

고민하고 골똘히 생각한다고 하여 문제가 해결되지 않는다.

무언가를 보고 접하고 느껴야 길이 보인다.

해답이 있다.

인생의 의미가 무엇인지는 알 수 없으나 앞으로 깨달을 가능성은 있다.

비록 부처나 예수, 공자, 무함마드처럼

뭇 사람의 추앙을 받을 가능성은 극히 적으나

나는 최대한 보고 접하고 느끼고 깨닫고 싶다.

사람이 호의호식하려고 난 것은 아니지 않겠는가?

다른 사람 보다 잘사는 것보다

무언가를 깨닫는 삶을 살아가고 싶다.

바다를 끼고 돌고 산을 넘어 세 시간 만에 도착한 태종대, 세상은 허명을 전하지 않는다더니 그 말이 꼭 맞네. 그랜드캐니언을 보고 싶은 사람은 우선 태종대부터 보시라. 그곳에 태초의 모습이 그대로 담겨있으니, 어찌 그 형상을 말로 설명할 수가 있으리오. 봄에 가족이 시간이 되면 꼭 보여 주리라. 앞으로 긴 시간을 살아가야 할 자식에게도.

군에 적을 둔 덕분에 전국 방방곡곡을 가볼 수 있는 큰 혜택을 입고 있는데 아직 그 혜택을 누리지 못하고 있는 사람이 있다면 떠나시라, 보라, 접하라, 느끼라 광주에서는 무등산 월출산, 서해와 남해안, 강릉의 일출과 서산의 일몰, 계룡대의 계룡산과 예천의 소백산, 원주의 치악산 태백산, 사천의 와룡산 지리산 천왕봉과 남해 한려수도, 그리고 이곳 부산의 금정산과 영도 송도 광안대교, 거가대교…….

독서가 TV 시청이나 PC게임보다는 백배 나으나 여행에 비할 수는 없다. 독서는 갈 수 없기에 간접경험을 하기 위해 하는 것이고 시간이 되면 떠나야 한다, 둥지를. 주말에 어딘가로 떠나서 온몸으로 세상을 느껴보시기를…….

2012. 3. 1.(목)
부산 여행 소감을 지인에게

제12화
기차여행

    기차로 어딘가를 향해 떠난다는 것은 언제나 마음을 설레게 한다. 자동차나 버스로 여행을 할 때보다 시간적, 공간적으로 여유가 있고 여럿이라면 대화나 게임을 할 수 있어 더욱 그렇다. 혼자만의 여행이라도 차창으로 지나가는 풍경을 마음 놓고 여유 있게 볼 수 있는 것은 가장 안전한 여행이기에 누릴 수 있는 행운이다.

    20대, 젊어서는 으레 꿈을 꾸게 된다. 나보다 한두 살 어린 묘령의 미소녀가 옆자리에 앉는 꿈 말이다. 영화나 소설에서 흔히 나오는 줄거리기처럼 기차를 타면 누가 같이 앉아 가게 될지 마음이 설레게 마련이다. 결론부터 말하자면 그런 아주 소박한(?) 소망이 이루어진 적은 없다. 아름다운 소녀는 차치하고라도 깔끔한 아저씨나 아주머니라도 감지덕지, 술 마신 할아버지나 짐을 잔뜩

든 시골 아주머니를 만나게 되는 것이 상례였다.

나이 마흔일곱이 되어 자식의 학업 때문에 가족을 예천에 두고 부산에서 근무하다 보니 주말에는 기차를 타고 여행을 하게 된다. 그런데 어쩐 일인가? 짝을 애타게 찾던 20대에는 한 번도 영광을 주지 않던 어여쁜 처자가 계속 옆자리에 앉는 거다. 아마 부산이나 대구로 유학하는 대학생이나 고등학생인 것 같다. 물론 말 한마디 건네지 않고 과묵하게 책을 읽지만, 속으로는 믿지도 않는 신을 원망하게 된다.

'그렇게 바랄 때는 한 번의 기회도 주지 않더니만 무슨 심술이 나서 그림의 떡을 자주 보여주시나이까?'

그러면서도 다 늙어서 주책없이 젊은 처자를 흘깃거리는 내 모습에 부모님 봉양에, 세 자식 뒷바라지에 여념이 없는 아내에게 미안하다. 하긴 신이 예전에는 주지 않다가 요즘에만 주는 홍복(洪福)이 아니라 예전에는 최진실도 마음에 안 찼지만, 지금은 한 살이라도 어린 여자는 다 미녀로 보이는 마음의 변화가 원인일 것이다.

원하지 않았고, 믿기지도 않는 일이지만 어쩌랴! 빠져서 휑댕그렁하고 하얗게 변하는 머리칼, 주름진 얼굴이 매일 거울을 통해 본 나의 자화상임을 이미 알고 있거늘. 결국, 내 주제 파악이 제대로 되고 나니 세상이 상대적으로 아름다워 보이는 게다. 욕망으로 꽉 차 있을 때는 고위 공무원이나 장군도 하찮아 보이고 외모가 출중한 여자 연예인도 성에 차지 않았으나 주제 파악이 어느 정도 되고 나니 세상에는 고맙고 부러운 것 천지다. 오늘도 힘찬 한 주, 행복한 하루 되시기를.

2012. 3. 26.(월)
기러기 아빠의 주말여행 소감

제13화
꿈

무엇을 원하는가? 사람은 결국 마음의 심연에서 원하는 대로 살아가게 된다. 따라서 자신이 진정으로 원하는 것이 무엇인가를 알아야 한다. '스티브 잡스 이야기'를 읽다 보니 그 사실을 더욱 확실히 알 수 있었다.

사실 스티브 잡스가 애플사의 창립자이고 애플Ⅰ, 애플Ⅱ로 회사를 키웠으며 자신이 만든 회사에서 쫓겨났다가 다시 CEO로 영입되어 아이맥, 아이팟, 아이폰, 아이패드 등으로 세계적인 회사로 성장시키고 세상에서 알아주는 거부가 되었다는 사실은 알았지만, 뭇 사람이 그렇게 주목하고 열광하는 이유를 알 수 없었다.

역사적으로 유명했던 성인(聖人)은 차치하고라도 간디나 법정보다 훌륭한 사람이라는 생각은 들지 않았다. 그런데 왜 사람들은 스티브 잡스나 그의 전기에 열광하는가? 그들은 돈을 추구하는 사람이기 때문이다. 그 단순한 사실을 깨닫는데 그렇게 오랜 시간이 걸렸다는 것이 한심하다. 스티브 잡스가 인류에게 어떤 훌륭한 일을 한 적도 없는데(그가 만든 것들은 누군가에 의하여 곧 만들어질 것이었고 새로운 것은 없었다. 단지 그가 조금 더 빨리 착안하고 상품화하여 돈을 많이 벌었다는 사실뿐 타인을 위한 어떤 훌륭한 행위도 하지 않았다.) 그가 죽고 나서 일어난 추모 열기를 도저히 이해할 수 없었다.

이제야 알겠다. 사람들은 스티브 잡스의 행위나 업적이 아닌 돈 버는 방법과 돈 자체가 부러운 것이다. 물론 사람이 살아가는 데는 돈이 필요하다. 가난하게 살아온 사람이 돈의 필요성을 더 절감할 것이다. 그러나 돈이 더 필요하다고 느끼는 사람에게 많은 돈이 필요한 것은 아니다. 단지 춥고 배고프지 않을 정도의 돈만 있으면 되는 것이다. 그러나 부유하게 살았던 사람은 당장 돈에 구애받지는 않아도 더 많은 돈이 필요하다. 큰집과 차와 음식과 의복을 향유 하던 사람은 그 맛을 잊을 수 없다. 돈의 노예로 살아갈 수밖에 없으며 언젠가 사업에 실패한다면 자살할 확률이 보통 사람보다 몇십 배 높을 것이고, 설령 죽지 않고 살아간다 해도 행복을 느낄 확률은 엄청나게 낮을 것이다.

돌이켜 보면 나는 지독하게 가난한 집에 태어나 금전적인 어려움을 겪으며 살아왔지만 의외로 돈이 꼭 필요한 적은 많지 않았다. 어려서부터 해온 독서의 영향으로 독특한 가치관이 일찍 정립

되어서인지는 알 수 없으나 초등학교 때 가난해서 항상 배가 고팠어도 돈이 절실하지는 않았다. 돈이 필요할 때는 학교에서 육성회비를 내라고 하거나 불우이웃돕기 성금을 내라고 재촉할 때 정도였다. 중학교 때 미술 선생님이 초등학생 시절 백제문화제 입상 소문을 듣고 미술 특별교육을 제안하셨으나 집이 가난해서 예술을 할 형편이 되지 않는다고 고사한 것, 중학교 2학년 때 반장이었는데도 여행 경비가 없어 수학여행을 갈 수 없었던 것 정도가 돈의 영향이었다.

인문계 고등학교에 갈 형편이 되지 않아 금오공고, 금오공대를 나오게 되었으나 공짜로 학교 다니다 보니 돈의 필요성을 더욱 느끼지 않게 되었다. 인생은 알 수 없는 아이러니의 연속이다. 학교에서 먹여주고 재워주고 교재를 주고 공짜로 가르치니 달리 돈이 필요하겠는가? 고등학교 때는 이제까지 굶주렸던 것에 비하면 마음껏 먹을 수 있는 그야말로 준 천국이었다. 남들이 맛없다는 짬밥을 아침에 1인분, 점심에 2인분, 저녁에 2인분 등 하루에 5인분을 해치웠다.

대학교 때 자취를 하며 다시 굶주렸지만, 기식(월간 밥 먹은 끼니를 일괄 계산하는 방식)을 하며 한 끼에 많은 열량을 섭취했기에 하루 총 섭취 열량에는 큰 차이가 없었다.

종종 가난이 삶에 불편하고 걸림돌이 된 적이 있었으나 소위로 임관한 후에는 완전히 금전적인 문제에서 벗어날 수 있었다. 월급을 줄 뿐 아니라 숙소를 제공하고 돈 떨어질 무렵이면 급식비에

정보비에 아쉬울 것이 없었다. 가난하게 살아왔으나 오히려 돈에 구애받지 않았다는 사실, 어떻게 이해해야 할까?

돈이란 소득수준 하위 30%에게는 정말 절실한 것이다. 그것은 곧 자신과 가족의 생계가 달린 문제이다. 그러나 평범한 생활 수준 이상의 사람이라면 돈이 곧 인생의 전부가 될 수는 없다. 그렇지만 연봉이나 직위나 직책으로 사람을 평가하는 사회 분위기 때문에 필요하지 않은 사람까지 돈의 노예로 치열하게 경쟁하며 불행하게 살아가는 것이다.

의식주만 해결된다면 돈이 없어도 보람을 찾고 행복을 느낄 수 있다. 여행이나 독서나 봉사활동으로 몇 배 더 행복할 수 있다. 행복하기 위해 살아간다는 사람, 그 사람이 내일의 행복을 위하여 오늘의 행복을 포기하며 치열한 경쟁으로 살아간다. 그리고 막상 무언가를 이룬 내일도 더 나은 미래를 위해 노력해야 하므로 행복을 오래 느낄 겨를은 없다.

어떻게 살아가야 할 것인가? 내가 원하는 것은 무엇이고, 무엇을 추구하며, 어떤 방향과 방식으로 살아갈 것인가? 사람은 자신이 진정으로 원하는 바대로 살아가게 된다. 오바마에 심취하였다면 권력이나 명예가 매력적일 것이고, 이건희나 빌 게이츠나 스티브 잡스가 존경스럽다면 부를 추구하는 사람이고, 카사노바가 부러운 사람은 사랑이 최고의 가치이며, 마더 테레사나 법정을 좋아하는 사람은 철학적이며 자아발견이나 실현을 꿈꾸는 사람이다. 자본주의 사회의 특성인지는 알 수 없으나 아직도 나는 매스컴이나 뭇 사람의 스티브 잡스 추모 열풍을 의아스럽게 기억한다. 하지만 스티브 잡스가 그랬고, 박세리와 박찬호와 박지성과 박태환이 그랬으며, 2002년의 우리가 그랬듯이 꿈을 꾸면 이루어진다. 어떤 꿈을 꿀 것인가?

2012. 4. 2.(월)

제14화
자부심

사람이 태어난 이유는 사람에게 사랑받으며 행복하게 살아가기 위해서였다지요. 행복하게 살아가기 위해서는 다른 많은 방법과 행위도 필요하지만 자기 자신을 사랑해야 합니다. 사나이(군인은 여자도 포함됨)로서 자부심이 있어야 하지요. 가질만한 게 없다고요? 만들어야지요. 그리고 잘 찾아보면 분명히 남다른 것을 가지고 있을 겁니다. 남보다 비교우위에 있는 부분은 발굴하여 연마하고 단련함으로써 확실한 장점으로 만들고, 정말로 내세울 것이 없다면 이제부터 만들어 가면 됩니다.

이를테면 영어, 축구, 골프같이 많은 사람이 추구하는 걸 단시간 내에 완벽하게 잘해서 장점으로 만들 수는 없겠지만 개나리, 질경이, 호박, 이슬같이 다른 사람이 별로 관심 없는 분야를 연구하고 지식을 쌓아나간다면 10년 정도 지난 뒤에는 대한민국 최고 고수가 될 수 있습니다. 잡초인 질경이에 대해서만큼은 최고의 전문가가 되는 거지요. 남도 알아 줄 겁니다. 잘하면 TV에도 출연할 기회도 있을 것이고 학위는 없지만 '질경이 박사'라고 칭하겠지요.

예를 들어 말한 것이고, 무언가 다른 생각이나 특징을 갖지 않은 사람은 없습니다. 아무리 사소한 것이라도 본인이 생각하기에 자신의 특징이고 장점이라고 생각한다면 그것에 대하여 자부심을 가질 필요가 있습니다. 역사적으로나 사회적으로 훌륭한 사람으로 일컬어지는 사람이 있지만 절대 기죽을 필요도 없고 스스로 모자란다고 생각할 필요도 없습니다. 다른 사람의 평가가 중요한 것이 아니지요.

모든 것은 자신이 어떻게 생각하느냐에 따라 달라집니다. 키가 작고 다소 외모에 자신이 없더라도, 공부에 소질이 없어 좋은 대학을 나올 수 없었다 하더라도, 책에 관심이 없어 말주변이 뒤처지더라도, 이성을 상대하는데 부담스러워 아리따운 아내를 얻지 못했다 하더라도, 노력한 만큼 인정을 받지 못하여 진급이 늦었다 하더라도, 아이가 생각만큼 똑똑하지 못하더라도, 몸의 한군데가 말을 듣지 않는 불구라 하여도, 남보다 잘살 수 있는 세상에 대한 안목과 지혜가 떨어지더라도, 물려받은 유산도 없고 스스로 재산을 만들 능력이 모자라더라도, 대중 속에 서면 존재감이 흔적도 없이 사라져도, 세상 사람이 손가락질하는 가문에 태어났다 하더라도, 축구도 달리기도 쌈박질도 골프도 남을 따라잡을 수 없다 하여도, 타인에게 호감을 줄 수 있는 것이 도무지 없더라도 자신을 비하할 필요는 결코 없습니다.

그가 비록 세상 사람에게 지금은 대우받고 인정받지 못할지라도 우주의 기에 의하여 탄생한 위대한 한 영혼임에는 틀림없는 사실이며, 자신의 존재를 인정하고 존중하며 부단한 자기계발 노력을 펼친다면, 세상을 사랑하고 사람을 사랑할 의도가 있다면, 세상을 아름답게 가꾸고 유지하고자 하는 뜻이 있다면, 하고 싶은 일이 있고 이루고자 하는 꿈이 있다면, 하고자 하는 의지와 열정이 있는 한 세상을 대낮같이 밝게 하는 태양 같은 존재나, 어둠 속에서 홀로 빛나는 북극성이나 샛별 같은 존재나, 주변을 밝히는 촛불 같은 존재나, 그마저도 어렵다면 가을밤을 수놓는 반딧불 같은 존재는 될 수 있습니다.

요컨대 자신의 마음과 생각이 문제입니다. 세상이 아름답다고 생각하면 아름답게 보일 것이며, 아내를 사랑스럽게 생각하면 사랑스럽게 보일 것이고, 현재 행복하다고 생각하면 행복을 느낄 것이며, 세상이 나를 위해 존재한다고 생각하면 세상에 존재하는 모든 것 태양, 별, 하늘, 공기, 물, 흙, 메타세쿼이아, 솔, 개나리, 진달래, 벚꽃, 바다, 물고기, 산, 바위, 개, 돼지, 오랑우탄, 아메바, 박테리아, 세균, 곤충, 부모, 형제, 처자식, 친척, 선배, 동기, 후배, 장교, 부사관, 병, 상관, 동료, 부하 모두가 소중한 존재로 보일 것입니다. 모든 것이 사랑스럽지요.

세상에는 진정한 라이벌(好敵手)이 없다고 생각합니다. 경쟁하는 호적수가 있어야 발전 가능하다고 하는데 이 세상에는 진정한 의미의 라이벌은 없다고 생각합니다. 생각이, 외모가, 분야가, 목표와 목적이 비슷한 사람은 있을지언정 나와 같은 사람은 없다고 생각합니다. 어떻게 우주의 거대한 기에 의하여 생성된 한 영혼이 다른 영혼과 같을 수 있겠습니까?

　세상에 적수가 있다면 바로 자신이겠지요. 욕망을 추구하는 본능과 이상을 꿈꾸는 초자아와의 싸움, 열심히 일해서 출세하고 싶은 마음과 편히 쉬면서 놀고 싶은 욕망, 가정을 지키고 싶은 마음과 일탈을 꿈꾸는 욕망, 모두에게 사랑받고 싶은 마음과 인간관계로 고민하고 싶지 않은 욕망, 날씬해지고 싶은 마음과 마음껏 먹고 싶은 욕망, 조직 발전을 위하여 노력하여 인정받고 싶은 마음과 편하게 지내고 싶은 욕망, 건강하고 싶은 마음과 흡연하고 싶은 욕망, 독서와 명상으로 인격을 수양하고 싶은 마음과 쾌락에의 욕망, 인류를 위하여 헌신하고픈 마음과 개인의 이익을 추구하고 싶은 욕망 등 자신의 두 가지 마음 중 본능보다 이상적인 초자아의 힘이 더 크고, 그 의지와 열정이 강력하며 지속적일 때 꿈꾸던 자신의 모습을 완성해 갈 수 있을 것입니다.

　결국 자아실현(自我實現)의 핵심과제는 현재의 지위나 위치, 재산의 유무, 외모나 장애 여부, 처한 상황에 좌우되는 것이 아니라 자신의 정체성을 정확히 파악하고 소중하게 여기며 자신이 세상에서 가장 훌륭하거나 위대한 사람이 아닐 수는 있으나 세상에서 가장 센 놈에게도 결코, 지지 않는다는 자부심과 자기 확신이라고 생각합니다.

    사무엘 울만은 청춘이란 강인한 의지, 풍부한 상상력, 불타오르는 정열이라고 노래하였습니다. 세상에서 가장 아름답고 빛나는 영혼을 가졌을 수도 있는 그대 자신을 더욱 자랑스럽게 생각하고 확고하게 믿으며 영원히 아름다운 청춘으로 살아가시길 소망합니다.

    2012. 4. 24.
    머나먼 남쪽 나라 김해에서 지인에게

제15화
프로로 산다는 것

　주말에 '프로로 산다는 것'이라는 책을 읽었습니다. 책을 읽을 때마다 항상 새로운 감동을 하게 되는데, 세상은 넓고 정말 대단하고 강한 사람이 많다는 것을 깨닫게 합니다. 책의 저자 김영익 씨는 전남 함평의 극빈 가정에서 태어나 중학교와 고등학교를 검정고시로 마치고 전남대와 서강대학교에서 학사 석사 과정을 조기에 수료하였으며 29살에 육군 병으로 입대, 32살에 대신경제연구소에 입사하여 2006년 당시 최근 5년 연속 베스트 애널리스트에 뽑히는 등 최고의 펀드 매니저로 활약하고 있습니다.

　매일 새벽 4시에 일어나 6시까지 출근하여 전날의 외국 시황, 정치·경제·사회·환경 주요 이슈를 분석하여 회사와 관련 업계의 펀드 매니저에게 메일로 종목별 매수매도를 추천하는 것으로 하루를 시작합니다. 한편으로는 그렇게 힘들게 살아서 무엇을 하겠는가 하는 의문도 들지만, 대단한 사람임에는 틀림이 없습니다. 기회가 되면 한 번씩 읽어보시고, 책 내용에 좋은 글귀가 있어 발췌해 보았습니다.

어느 날 마쓰시타 고노스케 회장에게 직원 한 사람이 이런 질문을 했습니다.

"회장님은 어떻게 하여 이처럼 큰 성공을 하셨습니까?"

그러자 마쓰시타 고노스케는 흔쾌히 대답했습니다.

"나는 세 가지 하늘의 은혜를 입고 태어났기 때문이라네. 그 세 가지 은혜란 가난한 것, 허약한 몸, 못 배운 것이라네"

놀란 직원이 다시 물었습니다.

"어떻게 그것이 은혜가 됩니까? 이 세상의 불행은 모두 갖고 태어나셨는데도 오히려 하늘의 은혜라고 하시니 저는 이해할 수 없습니다."

그러자 마쓰시타 고노스케 회장은 웃으며 이렇게 이야기하였습니다.

"나는 가난 속에서 태어났기 때문에 부지런히 일하지 않고서는 잘 살 수 없다는 진리를 깨달았다네. 또 건강의 소중함도 일찍이 깨달아 몸을 아끼고 건강에 힘써 지금 90살이 넘었어도 30대의 건강으로 겨울에 냉수마찰을 한다네. 초등학교 4학년을 중퇴했지만, 항상 이 세상 모든 사람을 나의 스승으로 받들어 배우는 데 노력해 다양한 지식과 상식을 얻었다네. 이러한 불행한 환경이 나를 이만큼 성장시켜 주기 위해 하늘이 준 시련이라고 생각되어 늘 감사하고 있다네."

느끼는 바가 있지 않습니까? 주어진 환경이 어렵고 고통스럽더라도 잘 극복해 나가며 성공의 원천으로 삼기를 바랍니다. 부처님 눈으로 세상을 보면 모두가 부처로 보이고 사기꾼의 눈으로 세상을 보면 온통 사기꾼 천지입니다. 세상을 어떻게 볼 것인가? 무엇을 보며, 무엇을 느끼고, 무엇을 깨달을 것인가? 인생을 어떻게 살아가고, 어떻게 마무리하며, 무엇을 남길 것인가는 오로지 그대 자신만의 생각과 의지와 열정에 달려 있습니다.

2012. 4. 28.(토)

제16화
화백

화백을 전문 화가로 아는 사람은 순진한 사람이다. 화백은 화려한 백수를 말한다. 백수는 3종이 있는데 직업을 관둔 지 얼마 안 되는 그냥 백수, 오랜 백수 생활에 마누라도 포기한 마포 백수, 공무원 은퇴로 연금을 수령 하는 모두가 부러워하는 화려한 백수가 그것이다. 은퇴 후에 노년에 이르면 누구나 꿈꾸는 직업이 화백인 셈이다.

군에서 만기 전역 후 1년이 되어 간다. 직장에 나가지 않으므로 남들은 백수로 알지만 물론 나는 백수가 아니다. 출근하지 않을 뿐 기상 시간, 식사시간, 운동시간, 작업시간 일정한 프리랜서다. 그런데 이 프리랜서라는 직업을 백수가 아닌 것처럼 설명하기가 어렵다.

"출근할 때와 마찬가지로 기상해서 정해진 시간에 먹고 일하고 운동하는 건 똑같아."

"그래서 무슨 일 하는데?"

"글 쓰고 정리하고 책 읽고 그러지."

"수입이 있어?"

"수입? 아직은……."

"백수 맞네. 너처럼 하는 일 없이 노는 게 백수야."

"일한다니까. 너 하루에 10시간 이상 책 읽고 글 쓰는 게 얼마나 힘든지 알아? 물론 나는 좋아서 하는 일이라 힘든 줄 모르지만 너는 며칠 못 버틸 거야."

"수입이 없다며? 그건 그냥 네가 좋아서 하는 취미생활이야. 일하면 돈을 벌어야지. 너 언제 다시 일할래? 너무 오래 쉬는 거 아니야?"

이쯤 되면 대략난감(大略難堪)이다. 하긴 일하고 돈 안 받는 직업은 없으니까……. 돈 못 버는 봉사활동가나 여행가, 작가는 직업이 아닌가? 직업일 수는 있으나 떳떳하게 주장하기에는 다소 무리가 있을 듯하다.

경험해보니 프리랜서는 좋은 직업이다. 직장에서 생활하는 사람이 겪게 마련인 시간 부족과 상대하기 어려운 사람을 만나는 고통이 없고, 가장 좋은 점은 적절한 때에 하고 싶은 일을 할 수 있다는 것이다. 비가 오면 실내에만 머물러 있을 수 있고 눈 온 다음 날 산에 가서 환상적인 설경을 감상할 수도 있다. 직장인은 꿈도 꾸지 못할 프리랜서만의 장점이다. 유일한 단점은 수입이 적거나 거의 없다는 점이다.

수입이 없으므로 직업으로 설명하기가 어렵다. 그래, 프리랜서면 어떠하고 화려한 백수라 한들 어떠하리! 내가 하고 싶은 일 하며 행복하면 그만인 것을. 또 누가 알겠는가? 어느 날 베스트셀러를 출판해서 기자와 인터뷰할 날이 올지……. 그때 가서 프리랜서 또는 작가라고 주장하고 지금은 일단 화백으로 만족하자. 어려서 잠시 화가를 꿈꾼 적도 있지 않은가?

2020. 2. 3.(월)

제17화
코리아

코리아(Korea)는 영어 한국명이다. 외국인은 우리나라를 코리아라 부른다. 극동에 있는 소국 고려 시대 알려진 이름이 그대로 현재의 이름이 되었다. 진시황(秦始皇) 때 알려진 진(秦)이 지나를 거쳐 차이나(China)가 된 것과 같다.

코리아, 한국에서의 삶은 쉽지 않다. 일일이 열거하지 않아도 누구나 아는 바다. 몇 년째 자살률 세계 1위를 지키는 것만으로도 한국인 삶의 질을 가늠할만하다.

한국인이 힘겨워서 헬조선이라고 부르는 우리나라가 외국인의 눈에는 그렇지도 않은 모양이다. 오바마 전 미국 대통령은 교육열과 교육에 대한 투자가 오늘날의 한국을 만들었다며 교육의 모범으로 한국을 들었다. 아마 자세한 실정을 모르고 겉으로 드러나는 실적만으로 한 말일 것이다.

코로나-19로 제일 먼저 곤욕을 치른 한국이지만 이후에 다른 나라에서는 더욱 확산하여 확진자와 사망자가 눈덩이같이 불어나자 초기의 비난 여론은 모범 방역국이라는 찬사로 바뀌었다. 트럼프 미국 대통령은 틈만 나면 미국의 방역 능력이 한국보다 뛰어나다고 자랑한다. 언제 우리나라가 외국인 의료 평가의 기준이 되고 선망의 나라가 되었는지 모르겠다.

아직도 한국인은 유럽에 대한 로망이 있다. 산업혁명을 바탕으로 세계를 지배하였으며 현재는 다소 줄어들었으나 아직도 세계에 대한 영향력은 크다. 대부분의 선진국이 모여 있고 특히 독일을 비롯한 북유럽은 복지국가로서 삶의 질이 가장 뛰어난 것으로 명성이 높다. 그래서 여행이나 거주 희망지로 인기가 많다.

그 유럽을 비롯해 외국인의 한국에 대한 평가가 달라진 것 같다. 단시일 내에 이룩한 산업화 민주화 정보화가 일등공신이겠지만 최근 한강의 소설 채식주의자 맨부커상이나 봉준호 감독의 영화 기생충 아카데미상 수상 등 문화예술 분야 활약의 영향도 있는 것 같다.

우리가 보는 것도 외국인이 보는 것도 진리가 아닐 수 있다. 내가 나를 객관적으로 평가하기 힘든 것처럼, 우리가 잘 안다고 생각하는 우리나라를 실제로는 정확하게 볼 수 없을지도 모른다. 외국인은 우리를 향한 관심이 적으므로 적은 정보량으로 판단해야 하는 한계가 있다. 우리가 아는 대부분 정보에 외국인의 시각 일부를 더한다면 정확한 평가가 될 것이다.

　세상은 요지경이요, 아이러니하며 새옹지마다. 중국에 이어 신천지교회 집단 감염에 의한 코로나바이러스 확산으로 국민을 당황하게 하더니 뒤늦은 방역대책과 국민의 자발적 사회적 거리 두기 협조로 강제적 지역봉쇄 없이 코로나를 극복한 민주국가로 칭송받으니 말이다.

　외국인의 칭찬에 기고만장하지 말고 스스로 돌아봐야 할 때다. 힘들다고 징징대고 배고프다고 칭얼거리다가 기분 좋다고 박장대소하는 것은 우습다. 우리가 과연 찬사받을 행위를 했는가? 그 행위는 의도적이었는가? 단순히 우연한 행운은 아니었는가? 제대로 자신을 평가할 때 발전 가능하며 그 미래를 기대할 수 있을 것이다.

2020. 4. 29.(수)

대한민국 남아라면 누구나 읽어야 할 필독서!
자식을 군대에 보낸 부모님께 권하고 싶은 수필집!

니들이 알아?
조자룡 수필집

지구상에서 단 하나의 분단국가인 대한민국에서 태어난 남아라면 누구나 꼭 한번 다녀오는 군대! 바로 그 젊음의 군대 상관으로서 후배 부하들을 위하여 이 글들을 썼기에 조자룡 수필가의 작품은 가슴을 뜨겁게 하는 열정이 있다고 하겠습니다.

한국 최초의 병영문학이라고 할만큼 직업군인답게 후배 부하들에게 전하는 상관으로서의 올곧은 규율과 뜨거운 전우애가 녹아있는 작품들로, 특히 요즘 국가안보가 걱정되는 상황에서 조자룡 수필가의 작품을 읽으며, 나는 문득 임진왜란 때 이순신 장군의 〈난중일기〉를 떠올렸습니다. 그때나 지금이나 진정으로 나라를 지키기 위해 싸우는 애국정신은 같다고 생각할 때 조자룡 수필가의 〈니들이 알아?〉의 작품들은 단순히 한 개인의 〈군대이야기〉가 아니라 〈분단 조국의 역사적 자료가 되는 병영문학〉으로서 독자들의 큰사랑을 받게 되길 기원합니다.

— 이은집(한국문인협회 소설분과 회장)

조 자 룡(趙子龍) 수필가

- 종합문예지 「시와창작」 2019년 여름호 제34기 신인문학상 수필부문 당선 등단
- 종합문예지 「시와창작」 2020년 여름호 제3회 〈시와창작 문학상〉 수필부문 수상
- 시와창작 문학상 수상작집〈니들이 알아?〉 출간
- 삼국지의 관운장과 조자룡을 멘토로 삼아 군 생활을 하였으며, 무용(武勇)의 조자룡같이 문학적 업적을 남길 것을 목표로 필명을 자룡(子龍)으로 정함